«La vida de Jesús de Nazaret [...] mundo dos mil años después. [...] qué».

JOHN ORTBERG
Autor y pastor de Menlo Park Presbyterian Church

«El original de *Más que un Carpintero* lo encontré persuasivo cuando era ateo; esta versión actualizada y ampliada la encontrarás más convincente».

LEE STROBEL
Autor de El caso de Cristo *y* El caso del Jesús verdadero

«En una época cuando el pensamiento racional parece ser escaso, *Más que un Carpintero* es un antídoto para la falta de verdad de nuestros tiempos».

CHUCK KLEIN
Youth and campus ministry advocate
Cruzada Estudiantil y Profesional para Cristo

«Me encantó este libro cuando salió por primera vez, me ayuda a hablarles de Cristo a mis amigos. ¡Planeo usar esta nueva edición con muchas personas que amo!»

JOHN ELDREDGE
Autor de Salvaje de corazón *y* Cautivante

«Una magistral mezcla de erudición y legibilidad [...] que será de interés tanto para los adolescentes como para los adultos por igual».

GREG STIER
Presidente y director ejecutivo de Dare 2 Share Ministries

«Al igual que a otros millones de personas, *Más que un Carpintero* me ayudó a conocer a Jesucristo. Espero con entusiasmo la manera en que Dios usará este libro para cambiar vidas».

MARK DRISCOLL
Pastor de Mars Hill Church

«Esta búsqueda de la verdad sin apologética desafía a una nueva generación a que eche un vistazo más de cerca a Jesús».

ANDY STANLEY
Pastor principal de North Point Community Church

«Josh y Sean McDowell presentan las afirmaciones de Cristo de una manera clara y convincente».

DR. JOHN TOWNSEND
Psicólogo, conferenciante y coautor de Límites

«Josh y Sean han logrado mejorar un clásico. Más que una buena lectura, es un elemento de cambio».

WAYNE RICE
Cofundador de Youth Specialties

«Mucho más poderoso y relevante para esta generación».

DR. JIM BURNS
Presidente de HomeWord; *autor de* Los 10 principios esenciales para una familia feliz *y* Amor radical

«Después de leer *Más que un Carpintero*, los escépticos, los buscadores espirituales y la gente de cualquier fe encontrarán razones para creer en las afirmaciones de Jesús y seguirlo».

ALEC HILL
Presidente de InterVarsity Christian Fellowship USA

«El capítulo relacionado con la exclusividad de Jesús es el mejor tratamiento de este tema que haya leído».

ALEX MCFARLAND
Presidente del Southern Evangelical Seminary *y la* Veritas School of Apologetics

«Si eres cristiano desde hace mucho tiempo o no estás seguro acerca de lo que crees, recibirás la influencia de *Más que un Carpintero*».

REBECCA ST. JAMES
Cantante, autora y actriz

Más que un carpintero

Su historia puede cambiar la tuya

Josh y Sean
McDowell

Unilit

Publicado por
Editorial Unilit
Miami, FL 33172

Primera edición por Editorial Betania
Segunda edición por Editorial Unilit 1997
Edición revisada por Editorial Unilit 2008
Nueva edición revisada por Editorial Unilit 2012
Primera edición 2012 (Serie Favoritos)

Traducción de la versión revisada: Nancy Pineda
Diseño de la cubierta: Alicia Mejías
Fotografías: ©Holbox K. Van Velthuijsen, 2012. Usadas con permiso de Shutterstock.com

Producto 496903
ISBN 0-7899-1832-3
ISBN 978-0-7899-1832-1

Impreso en Colombia
Printed in Colombia

Categoría: Cristianismo/Teología/Apologética
Category: Christianity/Theology/Apologetics

*A Dick y Charlotte Day, cuyas vidas
siempre han reflejado que Jesús fue
más que un carpintero.*

Contenido

Prefacio

La primera vez que me senté en 1976 con doce cuadernos, cuarenta y ocho horas de tiempo libre y *muchísimo* café para escribir el libro que se convertiría en *Más que un Carpintero*, lo hice con la esperanza de que ayudaría a los seguidores de Jesús a responder las preguntas acerca de su fe y que inspiraría a los buscadores espirituales a investigar con sinceridad las afirmaciones de Jesús. Nunca me imaginé que de la historia de mi viaje personal del escepticismo a la creencia se vendería, a la larga, más de quince millones de ejemplares, se traduciría a casi un centenar de idiomas e inspiraría a los lectores alrededor del mundo a darle una mirada más de cerca y profunda a la posibilidad de la fe. Me sigo sintiendo honrado y humilde cada vez que alguien me dice que mi libro fue determinante en su vida.

Sin embargo, también me sigue golpeando todo lo que ha sucedido en el mundo desde que salió por primera vez *Más que un Carpintero*. Se han hecho descubrimientos (y continúan haciéndose) que arrojan luz sobre la historicidad de Jesucristo. Los «nuevos ateos» han entrado a la cultura popular con libros que proclaman el final de la fe y la decadencia de Dios. Y mientras que la generación actual se enfrenta a toda una serie de temas y nuevas opciones, también le siguen haciendo frente a las preguntas de siempre: ¿Quién es Jesús? ¿Qué prueba existe de que Él era el Hijo de Dios? E incluso, si fuera cierto, ¿qué diferencia haría en mi vida?

Basado en todo esto, decidí que era tiempo de darle a *Más que un carpintero* un cambio para el siglo veintiuno. Por lo tanto, invité a mi hijo, Sean, un bien conocido conferenciante, maestro y escritor sobre apologética y la Biblia, a fin de que actualizara el libro conmigo. Sean trajo a la mesa sus sólidas credenciales académicas (una doble maestría en filosofía y teología), junto con su propia experiencia como autor, proporcionando una bien acogida perspectiva sobre la fe posmoderna. Los dos trabajamos juntos en la creación de un capítulo nuevo, la revisión del material, las preguntas de discusión y una nueva apariencia. El resultado es una nueva edición de *Más que un carpintero* que, aun así, conserva su original examen incondicional de los hechos y una búsqueda de la verdad sin apologética.

Es mi profundo deseo y el de Sean que este libro tenga un impacto transformador sobre una nueva generación de personas que busca la claridad espiritual.

JM

CAPÍTULO UNO

Mi historia

Tomás de Aquino, filósofo del siglo XIII, escribió: «Dentro de cada alma existe una sed por felicidad y significado». Comencé a sentir esta sed cuando era un adolescente. Deseaba ser feliz. Quería que mi vida tuviera significado. Me acosaban esas tres preguntas básicas que obsesiona a cada ser humano: ¿Quién soy? ¿Por qué estoy aquí? ¿Adónde voy? Quería respuestas, así que como joven estudiante, comencé a buscarlas.

Donde me crié, todo el mundo parecía religioso, así que pensé que podría encontrar mis respuestas siendo religioso. Entraba a la iglesia el ciento cincuenta por ciento de las veces. Iba cada vez que se abrían las puertas: mañana, tarde y noche. Sin embargo, debí haber escogido mal la iglesia porque me sentía peor dentro que fuera. De mi formación en una hacienda en Michigan heredé un sentido práctico rural que dice que cuando algo no da resultado, hay que eliminarlo. Por lo tanto, descarté la religión.

Entonces pensé que la educación podría tener las respuestas a mi búsqueda de significado, así que me matriculé en una universidad. Pronto me convertí en el estudiante más impopular entre los profesores. Los abordaba y detenía en sus oficinas y los acosaba por respuestas a mis preguntas. Cuando me veían venir, apagaban las luces, bajaban las persianas y cerraban sus puertas. Uno puede aprender muchas cosas en la universidad, pero no encontraba las respuestas que estaba buscando. Los profesores y mis compañeros de estudio tenían tantos problemas, frustraciones y preguntas sin respuestas como yo.

> **¿QUÉ PIENSAS TÚ?**
> ¿Estás de acuerdo con el filósofo Tomás de Aquino en que «Dentro de cada alma existe una sed por felicidad y significado»?

Un día en el campus vi un estudiante que vestía una camiseta con un letrero: «No me sigas. Estoy perdido». Así es como me parecía todo el mundo en la universidad. La educación, decidí, no era la respuesta.

Comencé a pensar que quizá encontraría felicidad y significado en el prestigio. Descubriría una noble

causa, me dedicaría a ella y, en el proceso, llegaría
a ser bien conocido en el campus. Las personas
con más prestigio en la universidad eran los líderes
de los estudiantes, los que también controlaban el
presupuesto. Así que obtuve varios cargos de estudiante. Fue una embriagadora experiencia conocer
a todos en el campus, tomar decisiones importantes,
gastar el dinero de la universidad consiguiendo los
oradores que quería y el dinero de los estudiantes para
organizar fiestas.

Aun así, la emoción del prestigio desapareció como
todo lo demás que intentaba. Me levantaba el lunes por
la mañana, casi siempre con dolor de cabeza debido
a la noche anterior, temiendo
enfrentar otros cinco miserables
días. Soportaba de lunes a viernes, viviendo solo por las noches
de fiestas de los viernes, sábados
y domingos. Entonces, el lunes
comenzaría de nuevo el ciclo carente de significado.

> *Todo el mundo
> pensaba que era el
> hombre más feliz del
> campus. En cambio,
> nunca sospechaban
> que mi felicidad era
> una falsedad.*

No quería revelar el secreto
de que mi vida no tenía sentido; era demasiado orgulloso para eso. Todo el mundo pensaba que era el
hombre más feliz del campus. Nunca sospechaban
que mi felicidad era una falsedad. Dependía de mis
circunstancias. Si las cosas iban fantásticas para mí,
me sentía fantástico. Cuando las cosas iban pésimas

para mí, me sentía pésimo. Solo que no lo demostraba.

Era como un barco en alta mar, lanzado de un lado a otro por las olas. No tenía timón... ni dirección, ni control. Con todo, no podía encontrar a alguien que viviera de cualquier otra manera. No podía encontrar a alguien que me dijera cómo vivir de forma diferente. Estaba frustrado. No, era peor que eso. Existe un término duro que describe la vida que estaba viviendo: infierno.

Por aquel entonces, noté un pequeño grupo de personas, ocho estudiantes y dos profesores, que parecían diferentes a los demás. Parecía que sabían quiénes eran y a dónde iban. Además, tenían convicciones. Es estimulante encontrar personas con convicciones y me gusta estar a su alrededor. Admiro a las personas que creen en algo y adoptan una postura al respecto, aun si no estoy de acuerdo con sus creencias.

> **¿QUÉ PIENSAS TÚ?**
> ¿Te gustaría estar rodeado de personas con convicciones? ¿Qué lo hace una experiencia estimulante? ¿Qué lo hace una frustrante?

Me resultaba evidente que esas personas tenían algo que no tenía yo. Eran extremadamente felices. Y su felicidad no dependía de los altibajos de las circunstancias de la vida universitaria; era constante. Parecían que contenían una fuente interna de gozo, y me preguntaba de dónde procedía.

Algo más de esas personas me llamaba la atención: sus actitudes y sus acciones mutuas. En verdad, se amaban los unos a los otros, y no solo entre sí, sino a la gente fuera de su grupo también. Y yo no entendía que solo hablaran sobre el amor; participaban en la vida de las personas, ayudándolas en sus necesidades y problemas. Era del todo extraño para mí, pero me atraía de manera poderosa.

Como casi todo el mundo, cuando veo algo que quiero pero no tengo, comienzo a tratar de ingeniármelas para obtenerlo. Así que decidí hacerme amigo de esas intrigantes personas.

> *«Cristianismo, ¡bah!», fanfarroneé. «Eso es para las personas débiles y sin discernimiento, no para los intelectuales». Desde luego, debajo de toda la bravata quería en realidad lo que tenía esta gente.*

Un par de semanas más tarde, me senté a la mesa, en la sede de la federación de estudiantes, para hablar con algunos de los miembros de este grupo. La conversación giró en torno a Dios. Era bastante escéptico e inseguro respecto a este tema, así que hice de tripas corazón. Me recosté en mi silla, actuando como si me importara un bledo.

«Cristianismo, ¡bah!», fanfarroneé. «Eso es para las personas débiles y sin discernimiento, no para los intelectuales». Desde luego, debajo de toda la bravata quería en realidad lo que tenía esta gente, pero mi orgullo no quería que supieran la dolorosa urgencia de mi necesidad. El tema me molestaba, pero no podía dejarlo. Así que me volví a una de las estudiantes, una mujer bien parecida (solía pensar que todas las cristianas eran feas), y le pregunté:

—Dime, ¿por qué eres tan diferente a todos los otros estudiantes y profesores en este campus? ¿Qué cambió tu vida?

Sin dudarlo ni avergonzarse, me miró directo a los ojos, muy seria, y pronunció una palabra que jamás esperé escuchar en una discusión inteligente en un campus universitario:

—Jesucristo.

—¿Jesucristo? —estallé—. Ay, por lo que más quieras, no me des ese tipo de basura. Estoy harto de la religión. Estoy harto de la iglesia. Estoy harto de la Biblia.

> El cristianismo no es una religión. La religión es el intento humano de labrar su camino hacia Dios a través de las buenas obras. El cristianismo es Dios que viene a los hombres y a las mujeres por medio de Jesucristo.

—Yo no hablo de *religión* —respondió enseguida—, ¡hablo de Jesucristo!

Señaló algo que nunca había sabido: El cristianismo no es una religión. La religión es el intento humano de labrar su camino hacia Dios a través de las buenas obras. El cristianismo es Dios que viene a los hombres y a las mujeres por medio de Jesucristo.

No me tragué el anzuelo. Ni por un minuto. Desconcertado por el valor y la convicción de la joven, me disculpé por mi actitud.

—Pero es que estoy hasta la coronilla de la religión y de la gente religiosa —le expliqué—. No quiero tener algo que ver con ellos.

A continuación, mis nuevos amigos me lanzaron un reto que no podía creer. Me desafiaron a hacer un riguroso e intelectual examen de las afirmaciones de Jesucristo: que Él es el Hijo de Dios; que Él habitó en un cuerpo humano y vivió entre hombres y mujeres reales; que Él murió en la cruz por los pecados de la humanidad; que le enterraron y que resucitó tres días más tarde; y que Él todavía vive y puede cambiar la vida de una persona incluso hoy.

> **¿QUÉ PIENSAS TÚ?**
> ¿Cómo definirías la religión?

Aquel reto me pareció una broma. Cualquiera con un poco de sentido común sabía que el cristianismo se basaba en un mito. Razonaba que solo un tonto andante podía creer en el mito de que Cristo resucitó de los muertos. Estaba acostumbrado a esperar por los cristianos a fin de hablar en la clase, de modo que pudiera vapulearlos de un lado a otro. Opinaba que si el cristiano tuviera una célula cerebral, esta se moriría de soledad.

Sin embargo, acepté el reto de mis amigos, sobre todo por despecho para probarles que estaban equivocados. Estaba convencido de que la historia cristiana no soportaría la evidencia. Era un estudiante de preparatoria en la escuela de leyes, y sabía algo acerca de la evidencia. Investigaría a fondo las afirmaciones del cristianismo y regresaría y derribaría los apoyos debajo de su falsa religión.

Decidí comenzar con la Biblia. Sabía que si podía revelar la evidencia indisputable de que la Biblia es un documento poco confiable, todo el cristianismo se desmoronaría. Sin duda, los cristianos podían mostrarme que su propio libro dijo que Cristo nació de una virgen, que realizó milagros y que resucitó de los muertos. Con todo, ¿qué validez tenía todo eso? Si podía demostrar que la Biblia era poco fiable desde el punto de vista histórico, podía demostrar que el cristianismo era una fantasía hecha por ilusos soñadores religiosos.

> Si podía demostrar que la Biblia era poco fiable desde el punto de vista histórico, podía demostrar que el cristianismo era una fantasía hecha por ilusos soñadores religiosos.

Tomé el reto en serio. Pasé meses de investigación. Incluso abandoné la escuela por un tiempo a fin de estudiar en bibliotecas de Europa con gran riqueza histórica. Y encontré evidencia. Evidencia en abundancia. Evidencia que no hubiera creído si no la hubiera visto con mis propios ojos. Al final, pude llegar a una sola conclusión: Si iba a seguir siendo sincero en lo intelectual, tenía que admitir que los documentos del Antiguo y el Nuevo Testamento eran los escritos más confiables de toda la antigüedad. Y si eran confiables, ¿qué pensar de este hombre Jesús, a quien había desechado como un simple carpintero de un apartado pueblo en un oprimido y pequeño país, convencido de su propia grandeza?

> *Encontré evidencia. Evidencia en abundancia. Tenía que admitir que los documentos del Antiguo y el Nuevo Testamento eran los escritos más confiables de toda la antigüedad.*

Tenía que admitir que Jesucristo era *más* que un carpintero. Era todo lo que decía ser.

No solo mi investigación me ayudó a comenzar una nueva vida en lo intelectual, sino que también respondió las tres preguntas que puso en marcha mi búsqueda por felicidad y significado. Sin embargo, como dice Paul Harvey, ese es el «resto de la historia». Te diré todo eso al final de este libro. En

> **¿QUÉ PIENSAS TÚ?**
> Si Dios se hizo hombre, ¿cuál sería la mejor manera para comunicarse con su creación?

primer lugar, quiero contarte lo fundamental de lo que aprendí en mis meses de investigación a fin de que tú, también, puedas ver que el cristianismo no es un mito, ni la fantasía de soñadores ilusos, ni una jugada engañosa de los ingenuos. Es una sólida roca de verdad. Además, te garantizo que cuando aceptes esa verdad, estarás a las puertas de encontrar las respuestas a estas tres preguntas: ¿Quién soy? ¿Cuál es mi propósito? ¿Cuál es mi destino?

CAPÍTULO DOS

¿Qué hace a Jesús tan diferente?

Algún tiempo después de mis descubrimientos sobre la Biblia y el cristianismo, viajaba en un taxi en Londres y de casualidad le mencioné algo acerca de Jesús al chofer. De inmediato, replicó: «No me gusta discutir de religión, en especial de Jesús». No pude dejar de notar la similitud de su reacción a la mía cuando una joven cristiana me contó que Jesucristo había cambiado su vida. El nombre mismo *Jesús* parece molestar a las personas. Les causa incomodidad, las enoja o les hace que quieran cambiar el tema. Se puede hablar de Dios y las personas no necesariamente se alteran, pero mencionas a Jesús, y quieren detener la conversación. ¿Por qué los nombres de Buda, Mahoma o Confucio no ofenden a las personas de la manera que lo hace el nombre de Jesús?

Considero que se debe a que esos otros líderes religiosos no afirmaron ser Dios. Esa es la gran diferencia entre Jesús y los demás. A las personas que conocían a Jesús no les llevó mucho tiempo darse cuenta de que este carpintero de Nazaret hacía asombrosas afirmaciones sobre sí mismo. Es evidente que esas declaraciones lo identificaban como más que un simple profeta o maestro. Era obvio que afirmaba ser divino. Se presentaba como el único camino a la salvación y la única fuente del perdón de los pecados, cosas que sabían que solo podía afirmar Dios.

Para muchas personas hoy, la aseveración de Jesús de ser el Hijo de Dios es muy exclusiva. En nuestra cultura pluralista, es demasiado restringido y huele a fanatismo religioso. No lo queremos creer. Sin embargo, el problema no es lo que queremos creer, sino más bien, ¿quién dice ser Jesús? ¿Es cierta su afirmación? Eso es lo que tuve la intención de encontrar cuando acepté el desafío de mis amigos de la universidad.

Comencé por explorar todo lo que podía acerca de los documentos del Nuevo Testamento,

---

¿QUÉ PIENSAS TÚ?
Jesús dijo que Él era el Hijo de Dios. ¿Por qué eso es un problema para muchas personas? ¿Por qué es menos ofensivo hablar acerca de Dios que de Jesús?

a fin de ver lo que podrían decirnos respecto a esta afirmación. Empecé a analizar la frase «la deidad de Cristo» solo para ver lo que significaba con exactitud en la afirmación de que Jesucristo es Dios. Augustus H. Strong, ex presidente del Seminario Teológico de Rochester, en su *Teología Sistemática* define a Dios como el «infinito y perfecto espíritu en quien todas las cosas tienen su fuente, apoyo y fin»[1]. Esta definición de Dios no es solo adecuada para los cristianos, sino también para todos los teístas, incluyendo a los musulmanes y los judíos. El teísmo enseña que Dios es personal y que Él planeó y creó el universo. Dios lo sustenta y gobierna en el presente. Sin embargo, el teísmo cristiano añade una nota adicional a la definición: Dios se llegó a encarnar como Jesús de Nazaret.

La palabra *Jesucristo* no es el nombre y el apellido; es en realidad un nombre y un título. El nombre Jesús se deriva de la forma griega del nombre *Yeshúa* o Josué, que significa «Jehová es salvación» o «el Señor salva». El título Cristo se derivó de la palabra griega para Mesías (o la hebrea *Mashîaj*, lee Daniel 9:26) y significa «ungido». Los dos oficios, rey y sacerdote, se indican en el título *Cristo*. El título confirma que Jesús es el Sacerdote y Rey prometido en las profecías del Antiguo Testamento. Esta afirmación es crucial para una adecuada comprensión acerca de Jesús y el cristianismo.

El nombre Jesús significa «Jehová es salvación» o «el Señor salva». El título Cristo se derivó de la palabra griega para Mesías y significa «ungido».

El Nuevo Testamento presenta con claridad a Cristo como Dios. La mayoría de los nombres aplicados a Cristo son de tal naturaleza que solo podían emplearse como es debido en uno que sea Dios. Por ejemplo, a Jesús se le llama Dios en la frase «mientras aguardamos la bendita esperanza, es decir, la gloriosa venida de nuestro gran Dios y Salvador Jesucristo» (Tito 2:13; lee también Juan 1:1; Romanos 9:5; Hebreos 1:8; 1 Juan 5:20-21). Las Escrituras le atribuyen características que solo pueden ser ciertas en Dios. Presentan a Jesús como un ser de existencia propia (lee Juan 1:2; 8:58; 17:5; 17:24); omnipresente (lee Mateo 18:20; 28:20); omnisciente (lee Mateo 17:22-27; Juan 4:16-18; 6:64); omnipotente (lee Mateo 8:26-27; Lucas 4:38-41; 7:14-15; 8:24-25; Apocalipsis 1:8); y que posee la vida eterna (lee 1 Juan 5:11-12, 20).

Las Escrituras le atribuyen características que solo pueden ser ciertas en Dios. Jesús recibió la honra y la adoración que solo debe recibir Dios.

Jesús recibió la honra y la adoración que solo debe recibir Dios. En un enfrentamiento con Satanás, Jesús le dijo: «¡Vete, Satanás! [...] Porque escrito está: "Adora al Señor tu Dios y sírvele solamente a él"» (Mateo 4:10).

Sin embargo, Jesús recibió adoración como Dios (lee Mateo 14:33; 28:9) y algunas veces hasta afirmó que era digno de adoración como Dios (lee Juan 5:23; Hebreos 1:6; Apocalipsis 5:8-14). La mayoría de los primeros discípulos de Jesús eran judíos devotos que creían en un Dios verdadero. Eran monoteístas hasta la médula, pero como lo muestran los siguientes ejemplos, lo reconocieron como Dios encarnado.

Debido a su vasta preparación rabínica, el apóstol Pablo sería una improbable persona para atribuirle la deidad a Jesús, adorar a un hombre de Nazaret y llamarle Señor. No obstante, esto fue con exactitud lo que hizo Pablo. Reconoció a Jesús como Dios cuando dijo: «Tengan cuidado de sí mismos y de todo el rebaño sobre el cual el Espíritu Santo los ha puesto como obispos para pastorear la iglesia de Dios, que él adquirió con su propia sangre» (Hechos 20:28).

Después que Jesús les preguntó a sus discípulos quién pensaban que era Él, Simón Pedro confesó: «Tú eres el Cristo, el Hijo del Dios viviente» (Mateo 16:16). Jesús respondió a la confesión de Pedro, no por corregir la conclusión del hombre, sino como reconocimiento de su validez y fuente: «Dios te ha bendecido, Simón, hijo de Jonás [...] porque esto no lo aprendiste de labios humanos. ¡Mi Padre celestial te lo reveló personalmente!» (Mateo 16:17, LBD).

Marta, una amiga cercana a Jesús, le dijo: «Sí, Señor, yo creo que tú eres el Mesías, el Hijo de Dios»

(Juan 11:27, TLA). Luego está el sincero Natanael, quien no creía que nada bueno podría salir de Nazaret. Le confesó a Jesús: «Maestro, ¡tú eres el Hijo de Dios, tú eres el Rey de Israel!» (Juan 1:49, DHH). Mientras apedreaban a Esteban, el primer mártir del cristianismo, este clamó y dijo: «Señor Jesús, recibe mi espíritu» (Hechos 7:59, DHH). El escritor del libro de los Hebreos llama Dios a Cristo cuando escribe: «Con respecto al Hijo dice: "Tu trono, oh Dios, permanece por los siglos de los siglos"» (Hebreos 1:8).

Después, por supuesto, tenemos a Tomás, mejor conocido como «el incrédulo». (Quizá fuera un estudiante de posgrado). Dijo: «No creeré nada de lo que me dicen, hasta que vea las marcas de los clavos en sus manos y meta mi dedo en ellas, y ponga mi mano en la herida de su costado» (Juan 20:25, TLA). Me identifico con Tomás. Lo que decía era: «Mira, no todos los días alguien resucita de los muertos ni afirma ser Dios encarnado. Si esperas que crea, necesito pruebas». Ocho días más tarde, después que Tomas les expresara sus dudas acerca de Jesús a los demás discípulos, Él se les apareció de repente. «[Jesús] les dijo: "La paz sea con ustedes". Luego le dijo a Tomás: "Pon aquí tu dedo, y mira mis manos; y acerca tu mano, y métela en mi costado; y no seas incrédulo, sino creyente". Entonces Tomás respondió y le dijo: "¡Señor mío, y Dios mío!"» (Juan 20:26-28, RVC). Jesús aceptó el reconocimiento de Tomás respecto a Él como Dios. Reprendió a Tomás por su incredulidad, no por su adoración.

En este momento, un crítico podría alegar que todas estas afirmaciones sobre Cristo son de otros, no de Cristo sobre sí mismo. Las personas que vivían en la época de Cristo lo malinterpretaban como lo malinterpretamos hoy a Él. Le atribuían la deidad, pero Él mismo no lo afirmó en realidad.

> **¿QUÉ PIENSAS TÚ?**
> ¿Te considerarías más como Marta (siempre creyente), como Tomás (un incrédulo) o como Natanael (un cínico) en tus actitudes acerca de Jesús?

Pues bien, cuando indagamos con mayor profundidad en las páginas del Nuevo Testamento, descubrimos que Cristo sí hizo esta afirmación. Las referencias son abundantes y su significado está claro. Un empresario que escudriñaba las Escrituras para verificar si Cristo decía ser Dios o no, declaró: «Cualquiera que lea el Nuevo Testamento y no concluya que Jesús afirmó ser divino sería tan ciego como un hombre parado al aire libre en un día despejado y dijera que no puede ver el sol».

En el Evangelio de Juan tenemos un enfrentamiento entre Jesús y un grupo de judíos. Lo ocasionó el hecho de que Jesús sanó a un inválido en el día de reposo. (A los judíos se les tenía prohibido hacer cualquier trabajo en el día de reposo). «Precisamente por esto los judíos perseguían a Jesús, pues hacía tales cosas en sábado. Pero Jesús les respondía: "Mi Padre aun hoy está trabajando, y yo también trabajo". Así que los judíos redoblaban sus esfuerzos para matarlo, pues no solo quebrantaba el sábado sino que incluso llamaba a Dios su propio Padre, con lo que él mismo se hacía igual a Dios» (Juan 5:16-18).

¿QUÉ PIENSAS TÚ?

¿Por qué crees que los líderes judíos estaban tan enfurecidos con Jesús después que sanó en el día de reposo? ¿Fue porque lo hizo en un día sagrado o por alguna otra razón?

Quizá digas: «Mire, Josh, no puedo ver cómo esto demuestre algo. Jesús llamaba Dios a su Padre. ¿Y qué? Todos los cristianos llaman Dios a su Padre, pero esto no significa que afirmen ser Dios». Los judíos de la época de Jesús escucharon en las palabras de Jesús un significado que se nos pierde con facilidad ahora. Siempre que estudiemos un documento, debemos tener en cuenta el idioma, la cultura y en especial la persona o las personas a las que se les dirige el documento. En este caso, la cultura es judía, y los individuos a los que se les dirige son líderes religiosos judíos. Además, algo de lo que dijo Jesús les molestó en realidad. «Así que los judíos redoblaban sus esfuerzos para matarlo, pues no sólo quebrantaba el sábado sino que incluso llamaba a Dios su propio Padre, con lo que él mismo se hacía igual a Dios» (Juan 5:18). ¿Qué podría haber dicho que causó una reacción tan drástica? Analicemos el pasaje y veamos cómo hace más de dos mil años los judíos entendieron en su propia cultura las observaciones que hizo Jesús.

Su problema fue que Jesús dijo «*mi* Padre», no «*nuestro* Padre». Según las reglas de su idioma, el uso que Jesús le daba a esta frase equivalía a una afirmación de ser igual a Dios. Los judíos no se referían a Dios como «mi Padre». En caso de que lo hicieran,

> *Quizá digas: «Jesús llamaba Dios a su Padre. ¿Y qué? Todos los cristianos llaman Dios a su Padre, pero esto no significa que afirmen ser Dios».*

siempre distinguirían la declaración al añadir la palabra «celestial». Sin embargo, Jesús no añadió la palabra. Hizo una afirmación que los judíos no podrían malinterpretar cuando llamó a Dios «mi Padre».

Para empeorar las cosas, por la frase «Mi padre aun hoy está trabajando, y yo también trabajo», Jesús puso su propia actividad en un plano de igualdad con Dios. Una vez más los judíos entendieron que Él alegaba ser Hijo de Dios. Como resultado, se acrecentó su odio por Jesús. Hasta ese momento solo habían procurado perseguirlo, pero pronto comenzaron a planear para matarlo.

Jesús no solo afirmó la igualdad con Dios como su Padre, sino que también aseguró que era uno con el Padre. Durante la Fiesta de la Dedicación en Jerusalén, algunos de los demás líderes judíos se le acercaron a Jesús y le interrogaron acerca de si Él era el Cristo. Jesús concluyó con sus comentarios al decirles: «El Padre y yo somos uno» (Juan 10:30). «Una vez más los judíos tomaron piedras para arrojárselas, pero Jesús les dijo: "Yo les he mostrado muchas obras irreprochables que proceden del Padre. ¿Por cuál de ellas me quieren apedrear?"» (Juan 10:31-32).

Uno podría preguntarse por qué los judíos reaccionaron de manera tan contundente a lo que Jesús dijo acerca de ser uno con el Padre. La estructura de la frase en el griego nos da una respuesta. A.T. Robertson, el prominente erudito en el griego de la época de Jesús, escribe que en la palabra griega para *uno* en este pasaje es neutra, no masculina, y no indica uno en persona ni propósito, sino más bien en «esencia o naturaleza». Robertson luego añade: «Esta precisa declaración es el clímax de las afirmaciones de Cristo acerca de la relación entre el Padre y Él mismo [el Hijo]. Las mismas provocan la ira incontrolable en los fariseos»[2].

Es evidente que en esta declaración los judíos se dieron cuenta con claridad que Jesús afirmaba ser Dios. Por esto, Leon Morris, ex director del *Ridley College*, Melbourne, escribe que

los judíos solo podían considerar las palabras de Jesús como blasfemias, y procedieron a tomar la justicia en sus propias manos. La Ley establecía que la blasfemia se castigaba con lapidación (lee

Levítico 24:16). Sin embargo, estos hombres no permitían que el debido proceso de la ley tomara su curso. No preparaban una formulación de cargos a fin de que las autoridades ejercieran la acción necesaria. En su furor, se preparaban para ser jueces y verdugos a la vez[3].

Los judíos amenazaron a Jesús con apedrearlo por «blasfemia», lo cual nos dice que de seguro comprendían su afirmación de ser Dios. No obstante, quizá nos preguntemos: ¿Se detuvieron a considerar si era cierta o no esta afirmación?

Jesús sin cesar decía de sí mismo que era uno en esencia y naturaleza con Dios. De manera osada declaró: «Si supieran quién soy yo, sabrían también quién es mi Padre» (Juan 8:19). «El que me aborrece a mí, también aborrece a mi Padre» (Juan 15:23). «Que todos honren al Hijo como honran al Padre. El que no honra al Hijo, no honra al Padre que le envió» (Juan 5:23, RV-60). Sin lugar a dudas, estas referencias indican que Jesús se veía como más que un simple hombre; afirmaba ser igual con Dios. Los que dicen que Jesús solo estaba más cerca o en más intimidad con Dios que otros necesitan considerar su

> **¿QUÉ PIENSAS TÚ?**
> Los judíos deseaban apedrear a Jesús por blasfemia. ¿Era su propia culpa por no creer en Él lo que comenzaba a condenarlos? ¿O solo estaban celosos debido a su popularidad?

declaración: «El que no honra al Hijo, no honra al Padre que le envió».

Mientras daba una conferencia en una clase de literatura en una universidad en Virginia Occidental, un profesor me interrumpió y dijo que el único Evangelio en el que Jesús afirmó ser Dios era el Evangelio de Juan, y fue el último que se escribió. Después declaró que Marcos, el primer Evangelio, no menciona ni una vez que Jesús afirmara ser Dios. A decir verdad, este hombre no había leído Marcos con detenimiento.

> Los que dicen que Jesús solo estaba más cerca o en más intimidad con Dios que otros necesitan considerar su declaración: «El que no honra al Hijo, no honra al Padre que le envió».

En respuesta, me dirigí al Evangelio de Marcos a un pasaje en el que Jesús afirmaba ser capaz de perdonar pecados. «Al ver Jesús la fe de ellos, le dijo al paralítico: "Hijo, tus pecados quedan perdonados"» (Marcos 2:5; lee también Lucas 7:48-50). De acuerdo con la teología judía, solo Dios podía decir una cosa semejante; Isaías 43:25 limita el perdón de pecado a la sola prerrogativa de Dios. Cuando los escribas escucharon a Jesús perdonando los pecados del hombre, se preguntaron: «¿Por qué habla este así? ¡Está blasfemando! ¿Quién puede perdonar pecados sino solo Dios?» (Marcos 2:7). Entonces Jesús les preguntó: «¿Qué es más fácil, decirle al paralítico: "Tus pecados son perdonados", o decirle: "Levántate, toma tu camilla y anda"?».

Según *El comentario bíblico Wycliffe*, esto es

una pregunta irrefutable. Las declaraciones son fáciles de expresar por igual; pero para decir cualquiera de las dos, con el desempeño adjunto, exige poder divino. Un impostor, por supuesto, al tratar de evitar la detección, encontraría más fácil la anterior. Jesús procedió a sanar la enfermedad de modo que los hombres pudieran saber que tenía la autoridad para lidiar con su causa[4].

Entonces, los líderes religiosos lo acusaron de blasfemia. Lewis Sperry Chafer, fundador y primer presidente del Seminario Teológico de Dallas, escribe que

nadie sobre la tierra tiene autoridad ni derecho a perdonar pecados. Nadie puede perdonar pecados salvo el Único contra quien hemos pecado todos. Cuando Cristo perdonó el pecado, como de seguro lo hizo, Él no ejercía una prerrogativa humana. Dado que nadie fuera de Dios puede perdonar

---

¿QUÉ PIENSAS TÚ?

En este caso, ¿por qué crees que Jesús le dijo al paralítico: «Tus pecados son perdonados», en lugar de «Levántate y anda»?

Al final, lo escucharon de la misma boca de Jesús. Lo condenaron por sus propias palabras.

Sir Robert Anderson, quien una vez fuera jefe de investigación criminal en Scotland Yard, señala:

> Ninguna evidencia confirmatoria es más convincente que la de testigos hostiles, y el hecho de que el Señor reivindicara la Deidad se establece de manera irrefutable por la acción de sus enemigos. Debemos recordar que los judíos no eran una tribu de ignorantes salvajes, sino unas personas muy cultas y religiosas en extremo; y fue sobre este mismo cargo que, sin una voz discrepante, decretara su muerte el sanedrín, su gran concilio nacional, compuesto por los más eminentes líderes religiosos, incluyendo hombres de la talla de Gamaliel, el gran filósofo judío del siglo primero y su famoso alumno, Saulo de Tarso[7].

¿QUÉ PIENSAS TÚ?
En algunos aspectos, ¿no es la reacción de los líderes judíos ante las afirmaciones de Jesús la que apoya en realidad dichas afirmaciones? Si tú hubieras sido un líder judío, ¿qué habrías hecho?

Está claro, entonces, que este es el testimonio que Jesús quería revelar de sí mismo. También vemos que los judíos entendieron que su respuesta fue su afirmación de ser Dios. En este punto enfrentaban dos alternativas: que sus declaraciones eran blasfemias insólitas o que Él era Dios. Sus jueces vieron la cuestión con claridad, de manera tan clara, en realidad, que lo crucificaron y después lo vituperaron porque «Él confía en Dios [...] ¿Acaso no dijo: "Yo soy el Hijo de Dios"?» (Mateo 27:43).

H.B. Swete, ex profesor de Divinidades en la Universidad de Cambridge, explica lo que significaba que el sumo sacerdote se rasgara las vestiduras:

> La ley le prohibía al sumo sacerdote rasgarse sus vestiduras por problemas privados (Levítico 10:6; 21:10), pero cuando actuaba como juez, por tradición se le exigía expresar de esta manera su horror por cualquier blasfemia pronunciada en su presencia. El desahogo del avergonzado juez se ponía de manifiesto. Si no existieran las pruebas dignas de confianza, ahora no hacían falta: el Prisionero se incriminaba a sí mismo[8].

Comenzamos a ver que este no era un juicio común. Como abogado, Irwin Linton señala:

> Entre los juicios criminales, este es único, donde el asunto no radica en las acciones, sino en la identidad del acusado. Los cargos criminales formulados contra Cristo, la

confesión o los testimonios o, más bien, su
actuación en presencia del tribunal, en el que
se le condenó, el interrogatorio por el gobernador romano y la inscripción y la proclamación sobre su cruz en el momento de la
ejecución, todo está relacionado con el importante factor de la dignidad y la identidad
real de Cristo. «¿Qué piensan ustedes acerca
del Cristo? ¿De quién es hijo?»[9].

El juez del Tribunal Supremo de Nueva York
William Jay Gaynor, en su discurso sobre el juicio de
Jesús, adopta la posición de que la blasfemia era uno
de los cargos hechos en su contra ante el sanedrín.
En referencia a Juan 10:33, dice: «Está claro desde
cada una de las narraciones de los Evangelios, que el
presunto delito por el que se juzgara y condenara a
Jesús fue el de blasfemia [...] Jesús afirmaba de manera
categórica su poder sobrenatu-
ral, que en un ser humano era
blasfemia»[10].

> En la mayoría de los
> procesos judiciales,
> al acusado se le
> enjuiciaba por lo que
> había hecho, pero este
> no era el caso en el
> juicio de Jesús. A Él lo
> enjuiciaron por lo que
> afirmaba ser.

En la mayoría de los pro-
cesos judiciales, al acusado se le
enjuiciaba por lo que había hecho, pero este no era el caso en
el juicio de Jesús. A Él lo enjui-
ciaron por lo que *afirmaba ser*.

El juicio de Jesús debería ser suficiente para demostrar de manera convincente que Él confesó su divinidad. Sus jueces dan fe de esa afirmación. Además, en el día de la crucifixión de Cristo, sus enemigos reconocieron que Él afirmaba ser Dios que vino en carne.

> De igual manera, también los principales sacerdotes, junto con los escribas y los ancianos, burlándose de Él, decían: A otros salvó; a sí mismo no puede salvarse. Rey de Israel es; que baje ahora de la cruz, y creeremos en Él. En Dios confía; que le libre ahora si Él le quiere; porque ha dicho: «Yo soy el Hijo de Dios».
>
> Mateo 27:41-43, LBLA

CAPÍTULO TRES

¿Señor, mentiroso o lunático?

Si buscaras hoy en Google el nombre de Jesús, al instante obtendrías unos ciento ochenta y un millones de aciertos. Busca a Jesús en Amazon.com y encontrarás doscientos sesenta y un mil cuatrocientos setenta y cuatro libros acerca de Él. Dada la gran variedad de puntos de vista, ¿podemos seguir confiando en el Jesús histórico? Muchas personas no desean considerar a Jesús como Dios, sino como un hombre bueno y moral o como un excepcionalmente sabio profeta que dijo muchas verdades profundas. Los eruditos a menudo hacen creer esa conclusión como la única aceptable a la que puede llegar una persona mediante el proceso intelectual. Muchos solo asienten con la cabeza en conformidad y jamás se molestan en ver la falacia de tal razonamiento.

Jesús afirmó ser Dios, y para Él fue de fundamental importancia que los hombres y las mujeres creyeran que Él era quien era. O bien creemos en Él o no creemos. Él no nos dejó ninguna opción para adoptar, ni alternativas moderadas, ni flexibles. Uno que afirmara lo que Jesús alegaba acerca de sí mismo no podía ser un buen hombre de moral ni un profeta. Esa opción no está a nuestra disposición, y Jesús nunca pretendió que lo estuviera.

C.S. Lewis, ex profesor de la Universidad de Cambridge y alguna vez agnóstico, comprendió este asunto con claridad. Escribe:

> Estamos tratando aquí de evitar que alguien diga la mayor de las tonterías que a menudo se han dicho en cuanto a Él: «Estoy dispuesto a aceptar a Jesús como un gran maestro de moral, pero no acepto su afirmación de que era Dios». Esto es algo que no deberíamos decir. El hombre que sin ser más que hombre haya dicho la clase de cosas que dijo Jesús, no es un gran moralista. Bien es un lunático que está al mismo nivel del que dice que es un huevo o el diablo del infierno. Puedes hacer tu elección. O bien este hombre era, y es el Hijo de Dios; o era un loco o algo peor.

Después Lewis añade:

Escarnécele como a un insensato, escúpelo y mátalo como a un demonio; o cae a sus pies y proclámalo como Señor y Dios. Pero no asumamos la actitud condescendiente de decir que fue un gran maestro de la humanidad. Él no nos proporciona campo para tal actitud. No fue eso lo que Él intentó[1].

F.J.A. Hort, profesor de la Universidad de Cambridge, quien pasó veintiocho años en un importante estudio del texto del Nuevo Testamento, escribe:

Las palabras [de Cristo] eran partes y expresiones tan completas de sí mismo, que no tenían ningún significado como declaraciones abstractas de la verdad pronunciadas por Él como un oráculo divino o de profeta. Eliminémoslo como el principal (aunque no final) sujeto de cada declaración y se desmoronará por completo[2].

Según las palabras de Kenneth Scott Latourette, historiador del cristianismo en la Universidad de Yale:

No son sus enseñanzas lo que hacen a Jesús tan notable, aunque eso sería suficiente para darle distinción. Es una combinación de las enseñanzas con el hombre mismo. No se pueden separar.

Latourette concluye:

Debe ser obvio para cualquier lector atento de las narraciones del Evangelio que Jesús se consideró a sí mismo y a su mensaje como inseparables. Fue un gran maestro, pero fue más que eso. Sus enseñanzas acerca del reino de Dios, de la conducta humana y de Dios fueron importantes, pero no se podían divorciar de Él, desde su punto de vista, sin que se adulteraran[3].

> «No asumamos la actitud condescendiente de decir que [Jesús] fue un gran maestro de la humanidad. Él no nos proporciona campo para tal actitud. No fue eso lo que Él intentó».
> **C.S. Lewis**

Jesús afirmó ser Dios. Su declaración debe ser cierta o falsa, y todo el mundo debe darle el mismo tipo de consideración que Él esperaba de sus discípulos cuando les preguntó: «Y ustedes, ¿quién dicen que soy yo?» (Mateo 16:15). Existen varias alternativas.

En primer lugar, considera que su afirmación de ser Dios era falsa. Si era falsa, solo tenemos dos alternativas. O bien Él sabía que era falsa, o no sabía que era falsa. Analicemos cada posibilidad por separado y examinemos la evidencia para esto.

¿Fue Jesús un mentiroso?

Si cuando Jesús hizo sus afirmaciones sabía que no era Dios, mentía y engañaba a sabiendas a sus seguidores. Entonces, si era un mentiroso, era también un hipócrita porque les enseñaba a los demás a ser sinceros a cualquier precio. Peor que eso, si estaba mintiendo, era un demonio porque les decía a otros que confiaran en Él para su destino eterno. Si Él no podía respaldar sus afirmaciones y lo sabía, era de todo punto malvado por engañar a sus seguidores con semejante esperanza falsa.

Por último, también sería un tonto porque sus afirmaciones de ser Dios le conducirían a su crucifixión... afirmaciones de las que podría haberse retractado a fin de salvarse incluso en el último minuto.

> **¿QUÉ PIENSAS TÚ?**
> ¿Por qué no se puede decir que Jesús fue un buen maestro de moral?
> ¿Se te ocurren algunos «principios morales» específicos que les enseñó a sus seguidores que todavía parecen lógicos hoy en día?

Me asombra escuchar a muchísimas personas decir que Jesús era solo un buen maestro de moral. Seamos realistas. ¿Cómo podría ser un gran maestro de moral y confundir adrede a las personas en el punto más importante de su enseñanza, su propia identidad?

La conclusión de que Jesús fue un mentiroso deliberado no coincide con lo que sabemos de Él ni con los resultados de su vida y sus enseñanzas. Siempre que se proclama a Jesús, vemos las vidas cambiadas para bien, las naciones cambiadas para mejor, los ladrones llegan a ser honrados, los alcohólicos se vuelven sobrios, los individuos llenos de odio se convierten en canales de amor, las personas injustas adoptan la justicia.

William Lecky, uno de los más notables historiadores de Gran Bretaña y un aguerrido oponente del cristianismo organizado, vio el efecto del verdadero cristianismo en el mundo. Escribe:

> Al cristianismo se le reservó la presentación al mundo de un ideal que a través de todos los cambios de dieciocho siglos ha inspirado a los corazones de los hombres con un apasionado amor; se ha mostrado capaz de actuar en todas las edades, las naciones, los temperamentos y las condiciones; no solo ha sido el más alto modelo de virtud, sino el mayor incentivo para su práctica [...] La simple evidencia de estos tres breves años de vida activa ha hecho más para regenerar y suavizar a la humanidad que todos los debates de los filósofos y todas las exhortaciones de los moralistas[4].

El historiador Philip Schaff dice:

Si este testimonio [que Jesús era Dios] no es cierto, debe ser una categórica blasfemia o locura [...] El autoengaño en un asunto tan trascendental, y con un intelecto tan claro y tan acertado en todos los sentidos, está así mismo fuera de toda duda. ¿Cómo podría ser un entusiasta o un lunático que nunca pierde siquiera la estabilidad de su mente, que navegó con serenidad por encima de todos los problemas y persecuciones, como el sol sobre las nubes, que siempre daba las respuestas más sabias a las preguntas tentadoras, que con calma y a propósito predijo su muerte en la cruz, su resurrección al tercer día, el derramamiento del Espíritu Santo, la fundación de su Iglesia, la destrucción de Jerusalén, predicciones que se cumplieron de manera literal? Un carácter tan original, tan completo, tan coherente y sin variación, tan perfecto, tan humano y tan alto por encima de toda la grandeza humana, tampoco puede ser un fraude ni una ficción. El poeta, como bien se ha dicho, sería en este caso mayor que el héroe. Se necesitaría más de un Jesús para inventar un Jesús[5].

En otra parte, Schaff da un convincente argumento en contra de que Cristo sea un mentiroso:

¿Cómo en el nombre de la lógica, del sentido común y de la experiencia, podría un impostor, que es un hombre engañoso, egoísta y depravado, haber inventado y mantenido de manera coherente, desde el principio al fin, el más puro y noble carácter conocido en la historia con la más perfecta apariencia de la verdad y la realidad? ¿Cómo podía haber concebido y realizado un plan incomparable de benevolencia, de magnitud moral y sublimidad, y sacrificado su propia vida por esto, ante los más fuertes prejuicios de su pueblo y su época?[6]

¿QUÉ PIENSAS TÚ?

¿Por qué crees que Jesús llevó su mensaje a la nación judía? ¿Consideras que el haber sido carpintero antes de comenzar su ministerio fue una ventaja para Él?

Si Jesús quería lograr que la gente lo siguiera y creyera en Él como Dios, ¿por qué va a la nación judía? ¿Por qué va como un común y corriente carpintero en una poco distinguida aldea de un país tan pequeño en tamaño y población? ¿Por qué va a un país tan apegado por completo al concepto de un solo Dios?

¿Por qué no va a Egipto, o incluso a Grecia, donde ya creían en varios dioses y sus diversas manifestaciones?

Alguien que vivió como vivió Jesús, que enseñó como enseñó Jesús y que murió como murió Jesús no podía haber sido un mentiroso. Consideremos otras alternativas.

¿Fue Jesús un lunático?

Si encontramos inconcebible que Jesús fuera un mentiroso, ¿no podía en realidad haber pensado por error que era Dios? Después de todo, es posible ser sincero y estar equivocado. No obstante, debemos recordar que alguien que por error se crea Dios, sobre todo en el contexto de una cultura monoteísta hasta la médula, y que luego les diga a los demás que su destino eterno dependía de creerle a Él, no es un vuelo de la imaginación, sino las falsas ilusiones y los delirios de un lunático por completo. ¿Es posible que Jesucristo estuviera loco?

En la actualidad, trataríamos a alguien que se cree Dios de la misma manera que lo haríamos con una persona que se crea Napoleón. Le veríamos como engañado y alguien que se engaña a sí mismo. Sin embargo, en Jesús no observamos las anormalidades ni los desequilibrios que acompañan tal trastorno mental. Si era demente, su aplomo y compostura eran nada menos que asombrosos.

Los eminentes y pioneros psiquiatras Arthur Noyes y Lawrence Kolb, en su libro de texto *Psiquiatría Clínica Moderna*, describen al esquizofrénico como una persona que es más autista que realista. El esquizofrénico desea escapar del mundo de la realidad. Reconozcámoslo... para un simple hombre que afirmaba ser Dios de seguro sería un alejamiento de la realidad.

A la luz de otras cosas que sabemos de Jesús, es difícil de imaginar que Él fuera un enfermo mental. Aquí tienes a un hombre que habló algunas de las palabras más profundas que se registraran jamás. Sus instrucciones han liberado a muchas personas de las ataduras mentales. Clark H. Pinnock, profesor de teología sistemática en *McMaster Divinity College*, pregunta: «¿Estaba engañado respecto a su grandeza, era un paranoico, un estafador involuntario, un esquizofrénico? Repito, la habilidad y la profundidad de su enseñanza solo apoya el caso de su total salud mental. ¡Si al menos fuéramos cuerdos como Él!»[7]. Un estudiante de una universidad de California me contó que su profesor de psicología dijo en clase que

> **¿QUÉ PIENSAS TÚ?**
>
> ¿Hay algo que detectas en el comportamiento de Jesús (que no sea su afirmación de divinidad) que sugeriría que era un desquiciado mental? Si hubieras vivido en su época, ¿habrías deseado escucharlo?

«todo lo que hace es tomar la Biblia y leerles pasajes de la enseñanza de Cristo a sus pacientes. Esa es toda la consejería que necesitan».

El psicólogo Gary R. Collins explica que Jesús era

cariñoso pero no dejaba que su compasión lo paralizara; no tenía un ego envanecido, aunque a menudo estaba rodeado de multitudes que lo adoraban; mantenía el equilibrio a pesar de su estilo de vida que por momentos era exigente; siempre sabía qué era lo que estaba haciendo y adónde iba; se preocupaba profundamente por las personas, incluso por las mujeres y los niños, quienes en ese entonces no se consideraban importantes; fue capaz de aceptar a la gente sin pasar por alto su pecado; respondía a los individuos según dónde se encontraban y qué necesitaban en particular [...] En resumen, no veo indicios de que Jesús sufriera alguna enfermedad mental conocida [...] Era más saludable que cualquier otra persona que conozco, ¡incluyéndome a mí![8]

> *Para un simple hombre que afirmaba ser Dios de seguro sería un alejamiento de la realidad.*

El psiquiatra J.T. Fisher consideraba que las enseñanzas de Jesús eran profundas. Declara:

Si fuera a tomar la suma total de todos los artículos autorizados escritos jamás por la mayoría calificada de psicólogos y psiquiatras sobre el tema de higiene mental, si fuera a combinarlos, perfeccionarlos y separar el exceso de palabrería, si fuera a tomar toda la esencia y la apartara de lo superfluo, y si fuera a tener esos fragmentos de conocimiento científico puro expresados de manera concisa por los poetas vivos más competentes, tendría un torpe e incompleto resumen del Sermón del Monte. Y carecería en gran medida a través de la comparación. Durante casi dos mil años el mundo cristiano ha tenido en sus manos la respuesta completa a sus inquietos e infructuosos anhelos. Aquí [...] yace el diseño para la vida humana de éxito mediante el optimismo, la salud mental y el contentamiento»[9].

C.S. Lewis escribe:

La dificultad histórica de darles a la vida, las palabras y la influencia de Jesús una explicación que no sea más difícil que la explicación cristiana es muy grande. La discrepancia entre la profundidad y la cordura [...] de la enseñanza moral de Jesús y la desenfrenada megalomanía que yace detrás de su enseñanza teológica, a menos que Él sea Dios en verdad, nunca se ha explicado de manera satisfactoria. Por lo tanto, las hipótesis no cristianas obtienen un éxito tras otro mediante la inquieta fertilidad del desconcierto[10].

Philip Schaff razona:

¿Es semejante intelecto (claro como el cielo, vigorizante como el aire de la montaña, fuerte y penetrante como una espada, sano y vigoroso por completo, siempre listo y siempre con dominio propio) propenso a un engaño radical y grave en sumo grado acerca de su propio carácter y misión? ¡Descabellada imaginación![11]

¿Fue Jesús Señor?

En lo personal, no puedo concluir que Jesús fuera un mentiroso ni un lunático. La única otra alternativa es que fue, y es, el Cristo, el Hijo de Dios, como lo afirmó Él. Sin embargo, a pesar de la lógica y la evidencia, parece que muchas personas no logran llegar a esta conclusión.

En *El código Da Vinci*, Dan Brown afirma: «Al aprobar oficialmente a Jesús como el Hijo de Dios, Constantino transformó a Jesús en una deidad que existía más allá del alcance del mundo humano, una entidad cuyo poder era indiscutible»[12]. El novelista Brown quiere que la gente crea la idea de que la deidad de Cristo se inventó en el Concilio de Nicea. Aunque discutido de manera prominente en la cultura popular, el 99,9% de los eruditos bíblicos que estudian la historia documentada ha rechazado el «hecho». He aquí el porqué.

El Nuevo Testamento mismo ofrece la evidencia más antigua de la creencia de que Jesús es divino (consulta el capítulo dos). Debido a que esos documentos se redactaron en el primer siglo solo décadas después de los acontecimientos en torno a Jesús, preceden al Concilio de Nicea en más de dos siglos. A pesar de que los escribieron diferentes personas con diversos propósitos, un tema inconfundible que comparten es que Cristo es Dios.

> **¿QUÉ PIENSAS TÚ?**
>
> ¿Por qué crees que tantos psicólogos ven a Jesús como un modelo para la salud? ¿Por qué Él estaba tan satisfecho?

Los padres antenicenos proporcionan apoyo adicional de que a Jesús se le consideraba divino mucho antes del Concilio de Nicea. Los padres antenicenos fueron los primeros pensadores cristianos que vivieron poco después del período final del Nuevo Testamento (*alrededor del año* 100), pero antes del Concilio de Nicea (año 325). Los padres antenicenos incluyen hombres tales como Justino Mártir, Ignacio e Ireneo. No hay dudas de que entendieron que Jesús es divino. Consideremos algunas citas de sus obras antiguas:

> Ignacio de Antioquía (110 d. C.): «Dios encarnado [...] Dios mismo apareciendo en forma de hombre»[13].

> Justino Mártir (100-165 d. C.): «Siendo el Verbo y el primogénito de Dios, es igual a Dios»[14].

> Ireneo (177 d. C.): «El Padre es Dios y el Hijo es Dios; pues Él que es nacido de Dios es Dios»[15].

> Melitón de Sardis (*alrededor del año* 177 d. C.): «Él fue hombre, pero Él es Dios».

Es probable que la evidencia más convincente de que a Jesús se le considerara divino antes de Nicea proceda de escritores no cristianos. El escritor griego satírico Luciano de Samosata (*alrededor del año* 170 d. C.), el filósofo romano Celso (*alrededor del año* 177) y Plinio el Joven (*alrededor del año* 112) dejan claro que los primeros cristianos entendían que Jesús era divino. Plinio persiguió a los cristianos debido a su creencia de que Jesús era divino. Plinio reconoció: «Se reunían con regularidad en un día fijo antes de salir el sol y cantaban coros uno tras otro en honor a Cristo como a un dios»[16].

Dados estos hechos, así como muchos más, los autores de *Reinventing Jesus* concluyen: «En el mejor de los casos, es una idea tonta sugerir que Constantino tenía la habilidad, o incluso la inclinación, para manipular al concilio en la creencia que aún no había hecho suya»[17]. La evidencia es clara: Mucho antes del Concilio de Nicea se creía que Jesús era divino.

> En lo personal, no puedo concluir que Jesús fuera un mentiroso ni un lunático. La única otra alternativa es que fue, y es, el Cristo, el Hijo de Dios.

Cuando analizo el material de este capítulo con muchas personas judías o musulmanas, su respuesta es bastante interesante. Les hablo de las afirmaciones que hizo Jesús acerca de sí mismo y, luego, les doy las opciones: ¿Posee Él los tres títulos (mentiroso, lunático o Señor)? Cuando les pregunto si creen que Jesús fue un mentiroso, me dan un tajante «¡No!». Después les pregunto: «¿Creen que fue un lunático?». Su respuesta es: «Desde luego que no».

«¿Creen que Él es Dios?» Antes de que pueda decir una sola palabra, escucho un rotundo: «¡De ninguna manera!». Sin embargo, uno no tiene más opciones.

> **¿QUÉ PIENSAS TÚ?**
> Si la evidencia por la deidad de Jesús es tan clara, ¿por qué crees que mucha gente la rechaza todavía?

El asunto con estas tres alternativas no está en que sean posibles, pues es obvio que las tres son posibles. Más bien la cuestión es: «¿Cuál es la más probable?». Uno no lo puede poner a un lado solo como un gran maestro de moral o un profeta. Esta no es una opción válida. Nuestra decisión acerca de Jesús debe ser más que un pasivo ejercicio intelectual. Como escribiera el apóstol Juan: «Estas se han escrito para que ustedes crean que Jesús es el Cristo, el Hijo de Dios, y para que al creer en su nombre tengan vida» (Juan 20:31).

Sin duda alguna, la evidencia está en favor de Jesús como el Señor.

CAPÍTULO CUATRO

¿Qué me dices de la ciencia?

MUCHAS PERSONAS INTENTAN POSPONER SU COM-PROMISO PERSONAL con Cristo dando por sentado que si uno no puede probar algo de manera científica, no es cierto en consecuencia. Debido a que uno no puede probar de manera científica la deidad de Jesús ni su resurrección, las personas muy estudiosas y experimentadas del siglo veintiuno no deberían aceptarlo como Salvador.

A menudo, en una clase de filosofía o historia alguien me encara con el desafío: «¿Puede probarlo de manera científica?». Por lo general, digo: «Bueno, no, no soy científico». Luego, escucho al grupo reír entre dientes y varias voces diciendo cosas como: «Entonces que no me hable de eso» o «Mira, debes aceptarlo todo por fe» (es decir, fe ciega).

En cierta ocasión en un vuelo a Boston estuve hablando con el pasajero junto a mí acerca del porqué creía en lo personal que Cristo es el que decía ser. El piloto, haciendo sus rondas de relaciones públicas y saludando a los pasajeros, escuchó de pasada parte de nuestra conversación.

—Usted tiene problemas con su creencia —dijo.

—¿A qué se refiere? —le pregunté.

—No puede probarla de manera científica —respondió.

Estoy asombrado de la falta de lógica a la que ha descendido el pensamiento moderno. Este piloto es como muchísimas personas de este siglo que sostienen la opinión de que si uno no puede probar una cosa con la ciencia, no puede ser cierta. Todos aceptamos como verdad muchos hechos que no están verificados por métodos científicos. No podemos probar de manera científica nada acerca de alguna persona o hecho en la historia, pero eso no significa que sea imposible esa prueba. Debemos comprender la diferencia entre la prueba científica y lo que llamo prueba histórico-legal. Te lo explicaré.

¿QUÉ PIENSAS TÚ?

Además de los hechos históricos, ¿hay algunas otras cosas que sabemos que son ciertas que no son demostrables de manera científica? Si es así, ¿cuáles son?

La *prueba científica* se basa en demostrar que algo es un hecho mediante la repetición del mismo en presencia de la persona que lo cuestiona. Se realiza en un medio controlado donde se pueden hacer observaciones, sacar datos y verificar las hipótesis de manera empírica.

El «método científico, sin embargo, es definido, está relacionado con la evaluación del fenómeno y la experimentación o la repetición de la observación»[1]. El Dr. James B. Conant, ex presidente de Harvard, escribe:

> La ciencia es una serie de conceptos y esquemas conceptuales interconectados que se han desarrollado como resultado de la experimentación y la observación, y es provechosa para más experimentación y observaciones[2].

La comprobación de la verdad de una hipótesis mediante el uso de experimentos controlados es una de las técnicas clave del método científico moderno. Por ejemplo, alguien dice que el jabón marca *Ivory* no flota. Yo afirmo que flota, así que pruebo mi hipótesis: llevo al incrédulo a la cocina, pongo veinte centímetros de agua en el fregadero a veintiocho grados Celsius y dejo caer el jabón. *¡Pumba!* Hacemos observaciones, sacamos datos y verificamos mi hipótesis de manera empírica: El jabón *Ivory* flota.

Si el método científico fuera el único método que tuviéramos para probar los hechos, uno no podría probar que vimos la televisión anoche ni que almorzamos hoy. No hay manera en que uno logre repetir esos hechos en una situación controlada.

Si el método científico fuera el único método que tuviéramos para probar los hechos, uno no podría probar que vimos la televisión anoche ni que almorzamos hoy. No hay manera en que uno logre repetir esos hechos en una situación controlada.

El otro método de prueba, el *histórico-legal*, se basa en demostrar que algo es un hecho más allá de una duda razonable. En otras palabras, llegamos a un veredicto por el peso de la evidencia y no tenemos una base racional para dudar de la decisión. La prueba histórico-legal depende de tres clases de testimonios: orales, escritos y de pruebas tangibles (tales como un arma, una bala, un cuaderno). El uso del método histórico-legal determina los hechos, uno puede probar más allá de una duda razonable que fuimos a almorzar hoy. Nuestros amigos nos vieron allí, el camarero nos vio y tenemos el recibo del restaurante.

El método científico solo se puede usar para probar cosas repetibles. No es adecuado para probar ni desaprobar asuntos acerca de personas o hechos en la historia. El método científico no es apropiado para responder preguntas tales como: «¿George Washington vivió? ¿Fue Martin Luther King, hijo, un líder de los derechos civiles? ¿Quién fue Jesús de Nazaret? ¿Posee Barry Bond el récord en jonrones en una sola temporada? ¿Resucitó Jesucristo de los muertos? Esas preguntas están fuera del campo de la prueba científica y debemos colocarlas en el campo de la prueba histórico-legal. En otras palabras, el método científico, el cual está basado en la observación, en el acopio de información, en la creación de hipótesis, en la deducción y en la verificación experimental a fin de encontrar y explicar regularidades empíricas en naturaleza, no puede revelar las respuestas concluyentes a preguntas tales como: ¿Se puede probar la resurrección? ¿Está la ciencia en guerra con la religión? ¿La ciencia ha desmentido de algún modo la existencia de Dios? En el siguiente capítulo mi hijo, Sean, examina las afirmaciones de los «nuevos ateos», quienes creen esas mismísimas cosas.

> **¿QUÉ PIENSAS TÚ?**
> ¿Cuáles son las ventajas de usar el método científico a fin de «probar» algo? ¿Cuáles son las desventajas? ¿Cuáles son las ventajas de usar el método de prueba histórico-legal? ¿Encuentras que usas un método con mayor frecuencia que otro?

CAPÍTULO CINCO

El desafío del nuevo ateísmo

CUANDO ME SENTÉ (SEAN) EN LA CAFETERÍA LOCAL PARA TOMAR mi café con leche helado con sabor a vainilla, recorrí el lugar con la mirada y noté a una joven que leía un libro con un título muy provocativo. Las letras plateadas saltaban del brillante fondo de color amarillo: *Dios no es bueno: La religión lo envenena todo*, de Christopher Hitchens. Intrigado por el audaz título, decidí preguntarle de qué trataba el libro. La joven procedió a darme una entusiasta y extensa charla acerca de cómo la religión había sido la mayor fuerza del mal en la historia del mundo, cómo la ciencia ha desmentido cualquier base para la fe racional y cómo la gente puede ser buena sin Dios.

¿Tenía razón esta joven? ¿Es la religión la maldición de la existencia humana? ¿La ciencia ha desmentido de algún modo a Dios? ¿Sería mejor el mundo si todos aceptáramos el ateísmo?

Sin duda, el ateísmo no es nuevo. Alrededor de mil años antes de la venida de Cristo, el rey David describió una persona que dice en su corazón: «No hay Dios» (Salmo 14:1). Siempre ha habido personas que niegan la existencia de Dios y es probable que nunca dejen de existir. Aunque los ateos hablan a menudo y sin rodeos acerca de sus creencias, su influencia en la cultura popular ha sido mínima. Hasta ahora.

En tiempos recientes, ha entrado en la escena pública un grupo de ateos militantes, entusiastas y elocuentes. La audiencia que han reclutado no tiene precedentes en la historia del ateísmo. En poco más de un año, tres de sus libros salieron a la venta. Sam Harris comenzó el asalto con la presentación de *Cartas a una nación cristiana* (2006), seguido por el de Richard Dawkins *El espejismo de Dios* (2006) y, por último, Christopher Hitchens con *Dios no es bueno* (2007). Los tres libros experimentaron enseguida ventas explosivas, pasando no semanas, sino meses, en múltiples listas de éxitos de librería. *Dios no es bueno*, por ejemplo, debutó en el número uno de la lista de los libros de tapa dura y de no ficción más vendidos en el mes de su publicación. Casi trescientos mil ejemplares se imprimieron para su séptima semana.

La influencia de esos llamados nuevos ateos ha ido más allá del mundo editorial. Han escrito artículos, han hablado en campus universitarios, han participado en debates, los han entrevistado en la radio y la televisión y han puesto un sinnúmero de vídeos en *YouTube*. Han confundido a los buscadores y han tambaleado la fe de muchos creyentes. Recientes encuestas indican que un número cada vez mayor de estadounidenses se identifica como ateos y agnósticos. La meta de los nuevos ateos es simple: erradicar todas las bases racionales para la fe religiosa y persuadir a las personas teístas para que se aparten de su fe. ¿Acaso tienen algo nuevo entre manos? ¿Han descubierto algunas evidencias nuevas que refuten a Dios? ¿Qué hace que el nuevo ateísmo sea *nuevo*?

> **¿QUÉ PIENSAS TÚ?**
> ¿Por qué crees que los nuevos ateos han comandado un número tan significativo de seguidores en los últimos tiempos?

Más de lo mismo, más de lo mismo

El renombrado periodista británico Malcolm Muggeridge dijo en una ocasión que todas las cosas nuevas no son otra cosa que gente nueva que experimenta cosas viejas. Las cosas quizá *parezcan* nuevas, pero eso no quiere decir que sean nuevas en realidad. Cuando se trata del nuevo ateísmo, no hay nuevos descubrimientos en la ciencia, la filosofía o la historia que socaven el

> *Muchos de los ateos más antiguos lamentaron la muerte de Dios. En cambio, los nuevos ateos celebran en realidad la muerte de Dios.*

cristianismo. La mayoría de los argumentos de los nuevos ateos son versiones recicladas de argumentos de ateos más antiguos tales como Friedrich Nietzsche, Sigmund Freud, Carlos Marx y Bertrand Russell. Sin embargo, hay algunas características que hacen únicos a los nuevos ateos.

En primer lugar, el nuevo ateísmo es menos costoso. Los ateos del pasado eran bien conscientes de las consecuencias de negar a Dios. Se daban cuenta de que sin Dios habitamos en un universo frío, oscuro y sin sentido. Muchos de los ateos más antiguos lamentaron la muerte de Dios debido a que comprendían que socavaba las bases de la cultura occidental. El existencialista Albert Camus admitió que la muerte de Dios significaba la pérdida de propósito, de gozo y de todo lo que hace que valga la pena vivir la vida.

En cambio, los nuevos ateos celebran en realidad la muerte de Dios. Creen que la vida puede continuar en forma normal (y hasta mejorar) si nos limitamos a abolir la religión. Tal ateísmo «suave», dice el profesor John Haught de la universidad de Georgetown, no toma en serio al ateísmo:

> Los nuevos ateos moderados dan por sentado que, a fuerza del darwinismo, podemos dejar

de lado a Dios como Santa Claus sin tener que presenciar el colapso completo de la cultura occidental, incluyendo nuestro sentido de lo que es racional y moral. Al menos los ateos de línea dura entienden que si vamos a ser sinceros de verdad en nuestro ateísmo, toda la red de significados y valores que se habían agrupado en torno a la idea de Dios en la cultura occidental, se han ido al traste junto con su centro de organización[1].

En segundo lugar, en contraste con las antiguas formas de ateísmo, los nuevos ateos no tienen tolerancia por la fe religiosa. No solo creen que la religión es hecha por el hombre, sino que lo envenena todo y, por lo tanto, hay que eliminarla. En *Cartas a una nación cristiana*, Sam Harris dice que las exigencias «del respeto [el derecho religioso] les da cobijo a los extremistas de todas las religiones»[2]. Mientras que Harris reconoce que los liberales y los moderados no estrellan aviones contra los edificios, cree que su tolerancia se presta para apoyar tales extremismos. Por lo tanto, tiene que erradicarse. Si los nuevos ateos se salen con las suyas, la libertad religiosa será una reliquia del pasado.

En tercer lugar, los nuevos ateos reservan sus más venenosos ataques para el cristianismo. Aunque critican al budismo, el islamismo, el mormonismo y otras religiones, es evidente que su objetivo es el Dios bíblico. Richard Dawkins reconoce: «A menos que se indique lo contrario, tendré en cuenta sobre todo al cristianismo»[3].

Si has leído algo de los nuevos ateos, es importante tener presente las palabras del rey Salomón: «El primero en presentar su caso parece inocente, hasta que llega la otra parte y lo refuta» (Proverbios 18:17). En otras palabras, cuando se escucha una sola parte de un caso, muchas veces la evidencia parece convincente. Sin embargo, cuando se tiene toda la historia, a menudo se desmorona el caso inicial. Los nuevos ateos son convincentes, hasta que se escucha a la otra parte. He aquí la otra parte.

¿Es el ateísmo más razonable?

Los nuevos ateos creen firmemente que el ateísmo tiene la mayor base racional. Según Hitchens, la religión se basa en la «fe sola», mientras que el ateísmo no requiere ningún compromiso de fe, puesto que se basa ante todo en la evidencia empírica de la ciencia[4].

Exploraremos el asunto de si el ateísmo o el teísmo explican mejor los datos científicos, pero antes debemos considerar una cuestión más básica: ¿por qué sería lógico comenzar con el mundo natural? Einstein dijo una vez que la cosa más incomprensible acerca del mundo es que es comprensible.

Einstein comprendía una verdad básica acerca de la ciencia, es decir, que la ciencia se apoya en ciertos supuestos filosóficos acerca del mundo natural. Estos supuestos incluyen la existencia de un mundo externo real que es ordenado y cognoscible, y la confiabilidad de nuestra mente en cuanto a captar ese mundo. La ciencia no puede funcionar sin estos supuestos.

No obstante, esto les plantea a los ateos un dilema espinoso en particular: Si la mente se desarrolló mediante el ciego proceso de la materia que propone la evolución darwiniana, ¿tendríamos razón alguna para confiar en ella? ¿Por qué tendríamos que creer que el cerebro humano, el cual es el resultado de un proceso de tipo accidental, nos pone de verdad en contacto con la realidad? La ciencia no se puede usar como una respuesta a esta pregunta, pues la ciencia en sí se apoya sobre estos mismos supuestos.

> *Einstein dijo una vez que la cosa más incomprensible acerca del mundo es que es comprensible.*

Incluso Charles Darwin era consciente de este problema: «Siempre surge en mí la horrenda duda de si las convicciones de la mente del hombre, que se ha desarrollado a partir de la mente de animales inferiores, tienen valor alguno o son en absoluto dignas de confianza. ¿Confiaría nadie en las convicciones de la mente de un mono, si es que hay convicciones algunas en una mente así?»[5]. Los nuevos ateos le atribuyen una enorme confianza a sus propios poderes de razonamiento, pero su visión atea del mundo socava

cualquier base para tal confianza. Es más, si la evolución darwiniana es cierta, deberíamos desconfiar
de nuestras facultades cognoscitivas, puesto que son
el resultado de un proceso irracional y carente de
dirección.

El físico Paul Davies, ganador del Premio
Templeton, dijo: «La ciencia está basada en el supuesto
de que el universo es racional y lógico por completo a
todos los niveles. Los ateos afirman que las leyes [de la
naturaleza] existen de manera irracional y que, al fin y
al cabo, el universo es absurdo. Como científico, esto
me resulta difícil de aceptar. Debe haber un inmutable
terreno racional en el que se base la naturaleza lógica y
ordenada del universo»[6].

El ateísmo no ofrece ninguna base racional.
A decir verdad, la debilita. El teísmo, sin embargo,
proporciona ese cimiento. No se trata de que la
racionalidad del universo se ajuste mejor al teísmo.
El nivel de conexión es más profundo. Un universo
racional es lo que se esperaría si Dios existe.

¿Está la ciencia en guerra con la religión?

La ciencia ha estado en guerra con la religión durante
siglos. Al menos, eso es lo que los nuevos ateos quieren que tú pienses. Aunque muchos lo creen, es un
mito que la religión ha estado impidiendo el creci-
miento de la ciencia[7]. En realidad, la cosmovisión
cristiana, con su insistencia en el orden del universo,

su énfasis en la razón humana y su enseñanza de que Dios es glorificado en nuestra comprensión de su creación, puso los fundamentos de la revolución científica moderna.

¿QUÉ PIENSAS TÚ?

¿Por qué deberíamos esperar que el universo sea racional si Dios existe? ¿Cómo, precisamente, el ateísmo socava la base de la racionalidad?

La mayoría de los primeros científicos se vieron obligados a estudiar el mundo natural debido a su cosmovisión cristiana. En su libro *La ciencia y el mundo moderno*, el matemático y filósofo británico Alfred North Whitehead llega a la conclusión de que la ciencia moderna se desarrolló sobre todo a partir de «la insistencia medieval de la racionalidad de Dios»[8].

La ciencia moderna no se desarrolló en medio de la nada, sino a partir de fuerzas propulsadas en gran parte por el cristianismo. No es sorprendente que la mayoría de los científicos antiguos fueran teístas, incluyendo los pioneros tales como Francis Bacon (1561-1626), Johannes Kepler (1571-1630), Blaise Pascal (1623-1662), Robert Boyle (1627-1691), Isaac Newton (1642-1727) y Luis Pasteur (1822-1895). Para muchos de ellos, la creencia en Dios era la principal motivación para sus investigaciones del mundo natural. Bacon creía que el mundo natural estaba lleno de los misterios que Dios quería que exploráramos nosotros. Kepler describió su motivación por la ciencia: «El objetivo principal de todas las investigaciones del mundo exterior debe ser descubrir el orden racional y la armonía que han sido impuestos por Dios y que Él nos ha revelado en el leguaje de las matemáticas»[9].

Hitchens le resta importancia a las convicciones religiosas de estos científicos pioneros, argumentando que no había ninguna otra alternativa de vida para un intelectual de la época[10]. En cambio, esto pone a Hitchens en una posición curiosa. Si los creyentes religiosos no reciben el crédito por las contribuciones positivas que le hicieron a la sociedad (por ejemplo, forjar la ciencia moderna) debido a que «todo el mundo era religioso», ¿cómo se puede culpar a los religiosos creyentes por las atrocidades cometidas en el nombre de Dios? Esta es una evidente doble moral. Los nuevos ateos quieren negarles a los creyentes religiosos cualquier crédito, pero les echan toda la culpa. Para justificar que la «religión lo envenena todo», Hitchens tiene que pasar por alto toda la evidencia a lo contrario. Y está feliz por hacerlo así.

¿Es el ateísmo más científico?

La confianza de los nuevos ateos se debe a un hecho central: creen que la ciencia está de su parte. Sam Harris dice: «La creencia en el Dios bíblico no encuentra apoyo en nuestra creciente comprensión científica del mundo»[11]. Asimismo, según Hitchens, mientras más se desarrolla la ciencia, menos espacio hay para Dios[12]. Sin embargo, ¿esta es toda la historia? Aunque a los nuevos ateos les gustaría hacernos creer que a Dios solo se le puede inferir de las «lagunas» de nuestro conocimiento científico, en realidad, la evidencia científica en favor del diseño se ha disparado en los últimos años[13]. Es más, uno de los ateos más influyentes en las últimas cinco décadas, Antony Flew, cambió de opinión hace poco acerca de Dios por esta misma razón.

Mientras que otros ateos quizá fueran más reconocibles, el impacto de Flew fue incomparable. Pronunció su famosa conferencia, «Teología y falsificación», en el Club Socrático de Oxford, presidido en ese entonces por C.S. Lewis. Con el tiempo, se convirtió en el artículo filosófico que más se reimprimiera durante cinco décadas. Sus numerosos libros y conferencias establecen la agenda para el ateísmo moderno.

Luego, en el año 2004, Flew hizo un anuncio sorprendente: Dios debe existir. Flew ahora cree que la mejor explicación para el mundo es una especie de deidad. ¿Por qué cambió de opinión? «La respuesta breve»,

> **¿QUÉ PIENSAS TÚ?**
>
> Según tu parecer, ¿está la evidencia científica en favor de la existencia de Dios, en contra de la existencia de Dios o es neutral? ¿En qué basas tu opinión?

escribe Flew, «es la imagen del mundo, como lo veo yo, que emerge de la ciencia moderna»[14]. Los nuevos ateos tienen la libertad de proclamar que la ciencia está de su lado, pero la evidencia muestra lo contrario. Consideremos dos enigmas científicos recientes que la ciencia naturalista sigue sin darles explicación, pero que apuntan con firmeza hacia Dios.

El misterio del origen de la vida

Hoy en día, uno de los problemas científicos más desconcertantes es el origen de la vida. La comunidad científica es unánime en que esto es un misterio no resuelto. El químico de Harvard George Whitesides dijo una vez que el asunto del origen de la vida es una de las grandes cuestiones científicas que no se ha resuelto todavía[15]. Incluso Sam Harris admite que el origen de la vida sigue siendo un misterio[16].

El problema del origen de la vida es, en esencia, una cuestión de información.

Con el descubrimiento de la estructura del ADN en 1953, los científicos comprendieron primero que la organización y el desarrollo de los seres vivos son orquestados por la información genética. De ahí que, en una muy citada conferencia, el laureado con el Nobel,

> **¿QUÉ PIENSAS TÚ?**
> ¿Es la casualidad una deducción creíble para el origen de la vida? Aparte de Dios, ¿puedes pensar en alguna otra explicación razonable?

David Baltimore, se refiriera a la biología moderna como «una ciencia de información».

¿Cuánta información se encuentra en las cosas vivas? Según Richard Dawkins, la información en el núcleo celular de una diminuta ameba es mayor que un conjunto completo de la *Enciclopedia Británica*[17]. El ADN humano contiene muchísimo más. Sin embargo, el ADN realiza más que solo almacenar información. En combinación con otros sistemas celulares, también procesa información de manera muy similar a una computadora. De ahí que Bill Gates compare el ADN con un programa de computadora, aunque mucho más avanzado que cualquier *software* que hayan inventado los humanos[18].

Los ateos confiesan voluntariamente que no tienen idea de cómo surgió la vida por primera vez. Dawkins reconoce la sorprendente improbabilidad del origen de la vida, pero después concluye con una increíble solución: casualidad. Sí, la casualidad[19]. ¿Es esta en realidad la explicación más razonable? ¿Puede surgir la información de un proceso, irracional y material carente de dirección?

El contenido informativo del ADN fue una de las principales razones para que el ex ateo Antony Flew cambiara de opinión en cuanto a Dios. Llegó a la siguiente conclusión: «La única explicación satisfactoria para el origen de esta "vida orientada a las metas y de reproducción propia" como la que vemos en la Tierra es una Mente infinitamente inteligente»[20]. Si un mensaje con la complejidad de la *Enciclopedia Británica* llegara desde el espacio sideral, se aceptaría sin duda alguna como prueba de la inteligencia extraterrestre. La explicación más razonable para el ADN humano, el cual contiene inmensamente más información que la *Enciclopedia Británica*, es una Mente Divina.

Puesta a punto del universo

Imagínate que caminas a través de las montañas y te encuentras una cabaña abandonada. Al acercarte a la cabaña, observas algo muy extraño. Dentro, el refrigerador está lleno de tu comida predilecta, la temperatura está justo como te gusta, la música de fondo es tu canción preferida y todos tus libros, revistas y DVD favoritos están encima de la mesa. ¿Qué concluirías? Debido a que la casualidad estaría fuera del asunto, la conclusión más probable sería que alguien esperaba tu llegada.

En las últimas décadas, los científicos han comenzado a darse cuenta de que este escenario refleja el universo en su totalidad. Tal parece que el universo se diseñó de manera exclusiva

> «La única explicación satisfactoria para el origen de esta "vida orientada a las metas y de reproducción propia" como la que vemos en la Tierra es una Mente infinitamente inteligente».
> **Antony Flew,**
> **ex prominente ateo**

pensando en nosotros. «Mientras observamos el universo e identificamos los muchos accidentes de la física y la astronomía que han obrado en nuestro beneficio», dice el físico Freeman J. Dyson, «casi parece como si el universo hubiese sabido de alguna manera que nosotros veníamos»[21]. Esta es la razón por la que el astrónomo británico Fred Hoyle puntualizó: «Una interpretación racional de los hechos sugiere que una súper inteligencia ha jugado con la física, así como con la química y la biología, y que no existen fuerzas ciegas en la naturaleza de las que valga la pena hablar»[22]. Los físicos están de acuerdo en que la vida está equilibrada en el filo de la navaja.

Considera un par de ejemplos. Primero, si la ley de gravedad variara solo un poco, el universo no sería habitable para la vida. Con relación a las otras fuerzas en la naturaleza, la gravedad debe estar a punto para una parte en 10^{40} (es decir, una parte en 10.000.000 .000.000.000.000.000.000.000.000.000.000)[23]. Segundo, el físico de Cambridge Stephen Hawking señaló lo siguiente: «Si la tasa de expansión un segundo después del *big bang* hubiera sido menor por siquiera una parte en cien mil millones de millones, el universo hubiera colapsado antes de que alcanzara incluso su tamaño actual»[24].

En realidad, existen diecinueve de tales constantes universales

> *Tal parece que el universo se diseñó de manera exclusiva pensando en nosotros.*

que cada una debe ponerse a punto a la perfección[25]. Sin duda, las probabilidades de que estemos aquí son prácticamente nulas. Es más, el físico de Oxford Roger Penrose llegó a la conclusión de que si se consideraran en conjunto todas las leyes de la naturaleza que deben ponerse a punto, seríamos incapaces de escribir un número tan enorme, ya que los dígitos necesarios serían mayores que el número de partículas elementales en el universo[26].

La evidencia para el diseño es tan convincente que Paul Davies, renombrado físico de la Universidad Estatal de Arizona, llegó a la conclusión de que la naturaleza en armonía con la vida de nuestro universo se parece a un «arreglo». Lo explica de esta manera: «El cliché de que "la vida está equilibrada en el filo de la navaja" es una subestimación asombrosa en este caso: ninguna navaja en el universo podría tener un filo tan fino»[27]. Ninguna explicación científica del universo, dice Davies, puede estar completa sin tener en cuenta este abrumador aspecto del diseño. Algunos tratan de explicar esta puesta a punto al proponer como principio la existencia de múltiples universos, pero la evidencia empírica para ellos es inexistente. La explicación más asequible y fiable de por qué el universo está tan puesto a punto de una manera tan precisa es la de que un Creador, Dios, lo hizo así.

¿Es el ateísmo más moral?

Los nuevos ateos atacan sin piedad los males de la religión y el carácter del Dios bíblico. La moralidad puede existir independientemente de Dios, proclaman a voz en cuello. De acuerdo con Dawkins: «Nosotros no necesitamos a Dios para ser buenos, ni malos»[28]. Los nuevos ateos denuncian con entusiasmo a la religión como mala cuando alaban a la ciencia como buena. Sin embargo, esto plantea un dilema difícil para el ateo: si Dios no existe, ¿de dónde vienen las obligaciones morales en primer lugar? Si «no hay nada más allá del mundo natural y físico»[29], como proclama Dawkins, ¿qué se da a entender al decir que existe el mal? Debido a que los valores morales no tienen propiedades físicas como altura, anchura y peso, ¿cómo podemos decir que son verdaderos?

El hecho incómodo para el ateísmo es que resulta muy difícil definir el mal, sin una trascendente norma moral del bien. Por tradición, el mal se ha entendido como la perversión del bien. Así como la perversidad denota una norma de lo recto, el mal entraña una norma del bien. C.S. Lewis dijo la famosa frase de que un palo curvo solo tiene

> **¿QUÉ PIENSAS TÚ?**
> El novelista ruso Fiódor Dostoievski dijo de manera genial que sin Dios todo es permisible. ¿Qué crees que quiso decir? ¿Puede haber un estándar moral sin Dios?

sentido a la luz del concepto de lo recto. Del mismo modo, solo puede haber el mal si primero existe el bien. Entonces, si no hay Dios (como proclaman los nuevos ateos), ¿qué es el bien? Incluso el finado ateo J.L. Mackie reconoció que era poco probable que surgieran los objetivos morales aparte de un Dios todopoderoso.

La existencia de valores morales objetivos es una razón de peso para creer en Dios. Considera esta sencilla línea de razonamiento:

1. Si existen los valores morales objetivos, Dios debe existir.
2. Los valores morales objetivos existen.
3. Por lo tanto, Dios debe existir.

Sabemos que los valores morales objetivos existen. No necesitamos que nos persuadan de que, por ejemplo, sea malo torturar a los bebés por diversión. Toda la gente razonable sabe esto. Por lo tanto, debido a que existen los valores morales, Dios debe existir también.

> Resulta muy difícil definir el mal, sin una trascendente norma moral del bien.

En sus debates públicos, Christopher Hitchens casi siempre desafía a sus oponentes a que den un solo ejemplo de una acción moral que no puede hacer el ateo. Por supuesto, no hay ninguno. Muchos ateos son personas amables, caritativas y muy trabajadoras. En cambio, el desafío de Hitchens pasa por alto el punto más importante: ¿cómo puede el ateísmo mismo tener ante todo el sentido de las obligaciones morales? Si no hay Dios, ¿cómo fundamentamos el bien y el mal? El ateísmo no se pronuncia en este asunto. Así, irónicamente, una de las objeciones más comunes contra Dios termina por ser una de las mejores razones para creer en Él.

¿Es el cristianismo una maldición?

Los ateos antiguos creían que la religión era falsa. Los nuevos ateos creen que no solo es falsa, sino mala. Sam Harris llama a la religión: «la fuente más poderosa de conflicto humano, pasado y presente»[30]. Como evidencia de la crueldad del cristianismo, los nuevos ateos señalan repetidas veces los malos tratos a Galileo, las atrocidades de las Cruzadas, la Inquisición y los juicios de las brujas de Salem en la historia pasada, así como el abuso sexual de niños por sacerdotes católicos en el mundo de hoy.

> **¿QUÉ PIENSAS TÚ?**
> Si la gente viviera de acuerdo con las enseñanzas de Jesús, ¿cómo estaría el mundo en realidad? ¿Debe el cristianismo ser culpable cuando la gente hace lo contrario a lo que enseña Jesús?

Sin duda, la gente hace cosas horribles en el nombre de Cristo. Sin embargo, ¿por qué el cristianismo debe asumir la culpa cuando la gente es la que hace lo contrario a lo que enseñó Jesús? ¿Estaba Jesús en favor de quemar a las brujas? ¿Estaba en favor de atormentar a los herejes? Claro que no. Es más, Jesús enseñó justo lo contrario. Dijo que amaras a tus enemigos (Mateo 5:44), que llegaras a esos que la sociedad considera intocables (Mateo 8:3) y que dieras tu vida por otros (Juan 15:13). Si las personas vivieran de verdad como Jesús, es probable que la violencia fuera cosa del pasado.

En *What's So Great About Christianity*, Dinesh D'Souza demuestra que los nuevos ateos exageran en demasía los crímenes cometidos en el nombre de la religión, mientras que racionalizan los crímenes muchísimo mayores cometidos en nombre del ateísmo. Por ejemplo, Sam Harris estima que el número de personas asesinadas como resultado de los juicios de las brujas de Salem fue de cien mil. ¿Cuál es el número real? ¿Cientos? ¿Miles? ¿Decenas de miles de personas? En realidad, es menos de veinticinco[31]. En cambio, ¿cómo le va al ateísmo?

Es importante tener presente que el asunto no es si los individuos ateos pueden ser buenas personas. Desde luego que pueden serlo (y muchos lo son). El asunto clave es si el ateísmo, cuando se adopta como la filosofía predominante para una cultura en particular, es bueno o es malo. Cuando esta cuestión es la norma, queda claro que ninguna otra cosmovisión fundamental ha causado tanta miseria y derramamiento de sangre como el ateísmo. En concreto, el número de personas asesinadas por regímenes ateos en el siglo XX, como China comunista, Rusia

> *Aunque es evidente que los cristianos han hecho algunas cosas malas, el legado del cristianismo ha sido abrumadoramente positivo.*

comunista y Alemania nazi es de más de cien millones personas[32]. No hay un segundo lugar cercano. David Berlinski, un judío secular que recibió su doctorado en la Universidad de Princeton, cree que una de las principales razones para tales atrocidades es la ausencia de rendición de cuentas final: «Lo que no creía Hitler, ni creía Stalin, ni creía Mao, ni creía la SS, ni creía la Gestapo [...] era que Dios estaba viendo lo que estaban haciendo ellos»[33].

Aunque es evidente que los cristianos han hecho algunas cosas malas, el legado del cristianismo ha sido abrumadoramente positivo. Los cristianos construyeron los primeros hospitales, comenzaron la Cruz Roja, dirigieron el movimiento para ponerle fin a la esclavitud, inventaron la universidad y fueron los pioneros de la ciencia moderna. Cuando seguimos las huellas de los movimientos que han llevado a la liberación más profunda para la humanidad, descubrimos que el evangelio está en el corazón de casi todos ellos.

Conclusión

En el análisis final, la única cosa nueva de verdad en cuanto a los nuevos ateos es su actitud. A pesar de la ferviente retórica, no existen descubrimientos recientes en la ciencia, la historia, ni la filosofía que desacrediten el teísmo en general o al cristianismo en particular. Es más, el caso es precisamente lo opuesto. Cuanto más se desciende en la interacción de la célula o se asciende a las profundidades del universo, más podemos ver la huella de Dios.

Hace más o menos tres mil años, el salmista lo dijo mejor: «Los cielos proclaman la gloria de Dios; el firmamento revela la obra de sus manos. Un día se lo cuenta al otro día; una noche se lo enseña a la otra noche» (Salmo 19:1-2, RVC). Como este salmo lo expresa con tanta claridad, a Dios se le puede conocer a través de su creación. Sin embargo, como demuestra este libro, Él mismo se da a conocer de manera específica por medio de la persona de Jesucristo, quien es más que un carpintero. Esto no es algo que aceptamos por la fe ciega, sino a través de las pruebas convincentes.

¿Podemos probar que Jesús es el Hijo de Dios? Solo el método histórico-legal dará resultados para probar esta pregunta. Entonces, la pregunta principal se convierte en esto: ¿podemos fiarnos de la credibilidad de los testimonios y las evidencias (por ejemplo, el Nuevo Testamento)?

Una cosa acerca de la fe cristiana que me ha atraído sobre todo (Josh) es que no es una creencia ciega e ignorante, sino más bien una basada en una sólida inteligencia. Cada vez que leemos que a un personaje de la Biblia se le pedía que ejerciera su fe, vemos que es una fe inteligente. Jesús dijo: «Conocerán la verdad» (Juan 8:32), no la ignorarán. A Cristo se le preguntó: «¿Cuál es el mandamiento más importante de la ley?». Jesús contestó: «Ama al Señor tu Dios con todo tu corazón, con todo tu ser y con *toda tu mente*» (Mateo 22:36-37, énfasis añadido). El problema con mucha gente es que parece que aman a Dios solo con sus corazones. La verdad acerca de Cristo nunca llega a sus mentes. Se nos han dado mentes capacitadas por el Espíritu Santo para conocer a Dios, así como también corazones para amarlo y la voluntad para escogerlo. Debemos funcionar en estos tres aspectos para tener una relación plena con Dios y para glorificarlo. No sé lo que pasa contigo, pero mi corazón no puede alegrarse en lo que ha rechazado mi mente. Mi corazón y mi mente se crearon para que trabajaran juntos en armonía. Nunca se le ha pedido a nadie que cometa un suicidio intelectual al confiar en Cristo como Salvador y Señor.

> *Una cosa acerca de la fe cristiana que me ha atraído sobre todo (Josh) es que no es una creencia ciega e ignorante, sino más bien una basada en una sólida inteligencia.*

¿QUÉ PIENSAS TÚ?

¿Es nueva para ti la idea de una fe inteligente? Si la fe «no es una creencia ciega e ignorante, sino más bien una basada en una sólida inteligencia», ¿cuál sería una definición apropiada de la fe?

En los próximos cuatro capítulos le daremos un vistazo a la evidencia para la confiabilidad de los documentos escritos, y para la credibilidad del testimonio oral y los relatos de los testigos oculares de Jesús.

CAPÍTULO SEIS

¿Son confiables los documentos bíblicos?

EL NUEVO TESTAMENTO OFRECE LA PRINCIPAL FUENTE DE INFORMACIÓN HISTÓRICA acerca de Jesús. Debido a esto, en los dos siglos pasados muchos críticos atacaron la confiabilidad de los documentos bíblicos. Al parecer, existe un constante bombardeo de acusaciones que no tienen base histórica o que las investigaciones y los descubrimientos arqueológicos han demostrado que no son válidas.

Mientras daba (Josh) una conferencia en la Universidad Estatal de Arizona, se me acercó un profesor de literatura con sus alumnos después de tener una conferencia al aire libre acerca de la «libertad de expresión». Me dijo: «Sr. McDowell, usted basa todas sus afirmaciones acerca de Cristo en un documento del segundo siglo que es obsoleto. Hoy en clase demostré que el Nuevo Testamento se escribió tanto tiempo después de la vida de Cristo que no podía ser preciso en lo que registró».

Le respondí: «Señor, comprendo su punto de vista, y conozco los escritos en los que se basó. Sin embargo, el hecho es que está comprobado que esos escritos son erróneos debido a que descubrimientos más recientes demuestran con claridad que el Nuevo Testamento se escribió por una generación de la época de Cristo».

La fuente de las opiniones de ese profesor acerca de los documentos concernientes a Jesús fue las obras del crítico alemán Ferdinand Christian Baur. F.C. Baur dio por sentado que la mayoría de las Escrituras del Nuevo Testamento no se escribió hasta finales del segundo siglo d. C. y a partir de mitos y leyendas que se desarrollaron durante el prolongado intervalo entre la vida de Jesús y el tiempo en que esos relatos se pusieron por escrito.

> En el siglo veinte, los descubrimientos arqueológicos han confirmado la veracidad de los manuscritos del Nuevo Testamento.

En el siglo veinte, sin embargo, los descubrimientos arqueológicos han confirmado la veracidad de los manuscritos del Nuevo Testamento. Los antiguos manuscritos en papiro (el manuscrito John Rylands, 130 d. C.; el Papiro Chester Beatty, 155 d. C.; y el Papiro Bodmer II,

200 d. C.) llenaron el vacío entre la época de Cristo y los manuscritos existentes de fechas posteriores.

Millar Burrows, por muchos años profesor de teología bíblica en la Escuela de Divinidades de la Universidad de Yale, dice:

> Otro resultado de comparar el Nuevo Testamento en griego con el lenguaje de los papiros [descubiertos] es un aumento de la confianza en la exacta transmisión del texto del propio Nuevo Testamento[1].

Resultados como esos han incrementado la confianza en la erudición de la Biblia.

William F. Albright, quien fuera el principal arqueólogo bíblico del mundo, escribe:

> Ya podemos decir de manera enfática que dejó de existir cualquier base sólida para fechar cualquier libro del Nuevo Testamento después de aproximadamente el año 80 d. C., dos generaciones completas antes de la fecha entre 130 y 150 dada por los actuales críticos más radicales del Nuevo Testamento[2].

Este punto de vista lo reitera en una entrevista para *Christianity Today*:

En mi opinión, cada libro del Nuevo Testamento lo escribió un judío bautizado entre los años cuarenta y los ochenta del primer siglo d. C. (lo más probable es que fuera en algún momento entre los años 50 y 75 d. C.)[3].

Sir William Ramsay, uno de los más importantes arqueólogos que hayan vivido jamás, fue un estudiante de la escuela histórica alemana, la cual enseñaba que el libro de Hechos fue un producto de mediados del siglo segundo d. C. y no del siglo primero como daba a entender. Después de la lectura del criticismo moderno acerca del libro de los Hechos, Ramsay llegó a convencerse de que no era un relato confiable de los hechos de su época (50 d. C.) y, por lo tanto, no era digno de la consideración de un historiador. De modo que en su investigación sobre la historia del Asia Menor, Ramsay le prestó poca atención al Nuevo Testamento. Su investigación, sin embargo, al final lo forzó a considerar los escritos de Lucas, el autor del libro de los Hechos. El arqueólogo observó la meticulosa exactitud de los detalles históricos, y poco a poco comenzó a cambiar su actitud hacia el libro de los Hechos. Se vio obligado a concluir que

Lucas es un historiador de primera categoría [...] Este autor se debería colocar junto con los más importantes historiadores[4].

Debido a la exactitud del libro hasta en los pequeños detalles, Ramsay al fin admitió que Hechos no podía ser un documento del segundo siglo, sino que pertenecía más bien a mediados del primer siglo.

Muchos eruditos liberales se han visto obligados a considerar fechas anteriores para el Nuevo Testamento. Las conclusiones del finado obispo anglicano John A.T. Robinson en su libro *Redatin the New Testament* son radicales de manera asombrosa. Su investigación lo condujo a que todo el Nuevo Testamento se escribió antes de la caída de Jerusalén en el año 70 d. C[5].

En la actualidad, los críticos de la forma, eruditos que analizan las formas literarias antiguas y las tradiciones orales detrás de los escritos bíblicos, dicen que el material pasó de boca en boca hasta que se escribieron en la forma de los Evangelios. Aun cuando ahora admiten que el período de transmisión fue mucho más corto de lo que creían antes, todavía concluyen que las narraciones del Evangelio adquirieron las formas de la literatura folclórica (leyendas, cuentos, mitos y parábolas).

Uno de los principales cargos en contra del concepto de tradición oral desarrollado por los críticos de la forma es que el período entre los hechos del

> **¿QUÉ PIENSAS TÚ?**
> Ha habido en los últimos años descubrimientos arqueológicos bíblicos que captaran tu atención? ¿Por qué estos descubrimientos reciben siempre los titulares en todo el mundo?

Nuevo Testamento y sus registros no es lo suficiente largo para que permitiera los cambios desde el acontecimiento hasta la leyenda a la que alegan esos críticos. Al hablar acerca de la brevedad de este intervalo, Simón Kistemaker, profesor emérito de Nuevo Testamento en el Seminario Teológico Reformado, escribe:

> Por lo general, la acumulación del folclore entre los pueblos de culturas primitivas lleva muchas generaciones; es un proceso gradual que se esparce a través de los siglos. Sin embargo, en conformidad con el pensamiento de la crítica de la forma, debemos concluir que las historias del Evangelio se produjeron y recogieron en poco más de una generación. Desde el punto de vista del método de la crítica de la forma, la formación de las unidades individuales del Evangelio debe comprenderse como un proyecto resumido con acelerado curso de acción[6].

A.H. McNeile, ex profesor de Divinidades en la Universidad de Dublín, desafía el concepto de tradición oral del criticismo de la forma. Señala que los críticos de la forma no se ocupan tan de cerca como debieran de la tradición de las palabras de Jesús. En la cultura judía era importante que las verdaderas palabras de un maestro se preservaran y se pasaran al pie de la letra. Por ejemplo, 1 Corintios 7:10, 12, y 25 muestran la existencia de una genuina tradición y la preservación cuidadosa de esta. Era costumbre para un estudiante judío memorizar la enseñanza del rabí. Un buen alumno era como «una cisterna enyesada que no pierde ni una gota» (Mishná, Tratado Avot, ii-8). Si nos atenemos a la teoría del erudito C.F. Burney de la Biblia Anglicana en *The Poetry of Our Lord*, podemos dar por sentado que gran parte de la enseñanza del Señor está en la forma poética aramea, haciendo más fácil la memorización[7]. Es imposible que en semejante cultura se hubiera desarrollado en tan poco tiempo una tradición de leyendas que no se ajustaba a los hechos verdaderos.

Otros eruditos están de acuerdo. Paul L. Maier, profesor de Historia Antigua en la Universidad del Oeste de Michigan, escribe: «Los argumentos de que el cristianismo urdió su mito de la Semana Santa durante un largo período o que las fuentes se escribieron muchos años después del acontecimiento no son en sí objetivos»[8]. Al analizar la crítica de la forma, Albright escribe: «Solo los eruditos modernos que carecen tanto de método histórico como de perspectiva pueden hilar una red de especulación

> *En la cultura judía era importante que las verdaderas palabras de un maestro se preservaran y se pasaran al pie de la letra.*

como esa con la que los críticos de la forma han rodeado la tradición evangélica». La propia conclusión de Albright fue que «un período de veinte a cincuenta años es demasiado pequeño para permitir cualquier apreciable corrupción del contenido esencial e incluso de la redacción concreta de los dichos de Jesús»[9]. Jeffery L. Sheler, escritor de religión para *US News & World Report*, escribe: «La Biblia y sus fuentes siguen firmemente arraigadas en la historia»[10].

¿Cuatro Evangelios o veinte evangelios?

En su exitosa novela de suspense *El código Da Vinci*, el autor Dan Brown hace esta audaz afirmación: «Para el Nuevo Testamento se tuvieron en cuenta más de ochenta evangelios, pero solo unos pocos acabaron incluyéndose, entre los que estaban los de Mateo, Marcos, Lucas y Juan»[11]. En los años de 1990, *Jesus Seminar* publicó un libro titulado *The Complete Gospels* que afirmaba ser la primera publicación de veinte evangelios conocidos de la era cristiana primitiva. Los más destacados de esos son los evangelios de Tomás, Judas, Felipe, Pedro y María. La implicación es clara: estos textos antiguos revelan un punto de vista diferente de Jesús tan válido como la antigua tradición de la Iglesia. ¿Hay algo de cierto en estas afirmaciones? ¿Han perdido los cuatro Evangelios su posición privilegiada como únicos proveedores de la vida y el ministerio de Jesús? ¿Se encuentran estos evangelios recién descubiertos transformando nuestra comprensión del cristianismo?

Aunque tales afirmaciones parecen ser extraordinarias e impresionantes, solo se deshacen bajo el peso del análisis histórico. En *Hidden Gospels*, el historiador Philip Jenkins concluye que la «idea de que los diversos evangelios no canónicos son testigos válidos por igual en la antigüedad cristiana es errónea en gran medida»[12]. El mayor desafío al estatus de estos otros evangelios es su fecha tardía. Mientras los cuatro Evangelios se escribieron en el primer siglo, toda la evidencia apunta a que esos otros evangelios se redactaron entre 120 y 250 d. C., al menos tres generaciones posteriores a la de la vida de Cristo.

Debido a que esos textos se escribieron mucho después de los cuatro Evangelios tradicionales, es poco probable que revelen alguna información nueva sobre el Jesús histórico. Por consiguiente, el profesor de Nuevo Testamento Craig A. Evans concluye: «El historial erudito con respecto al uso de estos evangelios extracanónicos es, con franqueza, vergonzoso [...] Encontramos que estos evangelios extracanónicos

> **¿QUÉ PIENSAS TÚ?**
> ¿Le das algún crédito a los libros, los artículos o los documentales de televisión con información extrabíblica acerca de la credibilidad y la historicidad de Jesús? ¿Cómo compararías la evidencia histórica de Jesús con la de otras personas de renombre?

no ofrecen tradición antigua ni confiable, independientemente de lo que poseemos en los Evangelios del Nuevo Testamento»[13].

A menudo los no cristianos me dicen que no podemos confiar en lo que dice la Biblia. «¡Vaya!, se escribió hace más de dos mil años. Está llena de errores y discrepancias», dicen. Les respondo que creo que puedo confiar en las Escrituras. Luego, les describo un incidente que sucedió durante una conferencia en una clase de historia. Declaré que creía que existía más evidencia para la confiabilidad del Nuevo Testamento que para casi todas las demás obras clásicas de la literatura en su conjunto.

El profesor se movió en el rincón riéndose, como si dijera: «Ah, ya está bien, no puedes creer en eso». Le pregunté de qué se reía. Me contestó: «No puedo creer que usted tenga la audacia de afirmar en una clase de historia que el Nuevo Testamento es confiable. ¡Eso es absurdo!».

Deseando encontrar afinidades para una discusión caballerosa, le hice esta pregunta: «Dígame, señor, como historiador, ¿cuáles son las pruebas que le aplicaría a cualquier obra de escritura histórica a fin de determinar su exactitud y confiabilidad?». Me sorprendió que no tuviera ninguna de esas pruebas. Es más, todavía no he obtenido una respuesta positiva a esta pregunta. «Yo tengo algunas pruebas», le respondí. Le dije que creo a pie juntillas que debemos probar la confiabilidad histórica de la Escritura mediante el mismo riguroso criterio que les aplicamos a todos los documentos históricos. El historiador militar Chauncey Sanders enumera y explica los tres principios básicos de la historiografía: la prueba *bibliográfica*, la prueba de la *evidencia interna* y la prueba de la *evidencia externa*[14]. Examinemos cada una de las pruebas.

Prueba bibliográfica

La prueba bibliográfica es un examen de la transmisión textual mediante el cual los documentos antiguos nos llegaron del pasado. En otras palabras, debido a que no poseemos los manuscritos originales, debemos preguntarnos: ¿Cuán confiables son las reproducciones que tenemos? ¿Cuántos manuscritos han sobrevivido? ¿Cuán coherentes son? ¿Cuál es el intervalo de tiempo entre el original y las reproducciones existentes?

Podemos apreciar la enorme riqueza de autoridad para el manuscrito del Nuevo Testamento al compararlo con el material textual disponible que respalda otros notables escritos antiguos.

La historia de Tucídides (460-400 a. C.) la tenemos disponible desde solo ocho manuscritos

> *«Ningún erudito clásico escucharía un alegato de que la autenticidad de Herodoto y Tucídides está en duda debido a que los manuscritos más antiguos que usamos de sus obras tienen mil trescientos años más que los originales».*
> **F.F. Bruce**

fechados en 900 d. C., casi mil trescientos años
después que se escribiera. Los manuscritos de la
historia de Herodoto son de igual modo tardíos y
escasos. Y con todo, como F.F. Bruce, profesor de la
cátedra John Rylands de Crítica y Exégesis Bíblica en
la Universidad de Manchester, concluye:

> Ningún erudito clásico escucharía un alegato
> de que la autenticidad de Herodoto y Tucídides
> está en duda debido a que los manuscritos más
> antiguos que usamos de sus obras tienen mil
> trescientos años más que los originales[15].

Aristóteles escribió su *Poética* alrededor de 343
a. C., y con todo, el ejemplar más antiguo que se
tiene data del año 1100 d. C. (una brecha de casi mil
cuatrocientos años), y solo existen cuarenta y nueve
manuscritos.

César compuso su historia de las guerras de las
Galias entre los años 58 y 50 a. C., y la autoridad de sus
manuscritos depende de nueve o diez reproducciones
que datan de mil años después de su muerte.

Bruce Metzger, autor o editor de cincuenta libros
sobre la autoridad del manuscrito del Nuevo Testamento, analiza a otras celebridades del primer siglo:

> Considera a Tácito, el historiador romano
> que escribió *Anales de la Roma Imperial*

alrededor del 116 d. C. [...] Sus primeros seis libros existen hoy en un solo manuscrito, y fue copiado alrededor del 850 d. C. Los libros del once al dieciséis están en otro manuscrito que data del siglo XI. Los libros del siete al diez están perdidos. Así que hay una gran brecha entre el momento en que Tácito recopiló su información y la escribió y los únicos ejemplares en existencia.

Con respecto a Josefo, el historiador del siglo I, tenemos nueve manuscritos griegos de su obra *La Guerra Judía*, y estos ejemplares se escribieron en los siglos X, XI y XII. Hay una traducción al latín del siglo IV y materiales rusos medievales de los siglos XI y XII.

«La cantidad de material del Nuevo Testamento», confiesa Metzger, «es casi vergonzosa en comparación con otras obras de la antigüedad»[16].

Cuando escribí por primera vez este libro en 1977, tuve la posibilidad de documentar cuatro mil seiscientos manuscritos griegos de la Biblia, muchísima más fuente primaria de la que existe para cualquier otro libro escrito en la antigüedad. Desde que se escribió esto, se han encontrado incluso más manuscritos griegos, y ahora puedo documentar más de cinco mil seiscientos de ellos.

Daniel Wallace, profesor de estudios del Nuevo Testamento en el Seminario Teológico de Dallas y una de las principales autoridades del mundo sobre el texto griego y los manuscritos del Nuevo Testamento, declara:

¿QUÉ PIENSAS TÚ?

¿Tú o alguien que conoces, cree que debido a que el texto bíblico es antiguo no puede ser confiable? ¿Hay otros textos antiguos no bíblicos en los que confías sin ningún problema?

Mucho más de doscientos manuscritos bíblicos (noventa de los cuales son del Nuevo Testamento) se descubrieron en el Sinaí en 1975 cuando se reveló un compartimiento oculto en la Torre de San Jorge. Algunos de estos manuscritos son muy antiguos. [Los manuscritos recién descubiertos] confirman que la transmisión del Nuevo Testamento se ha logrado en relativa pureza y que Dios sabe cómo preservar el texto de la destrucción. Además de los manuscritos, hay cincuenta mil fragmentos sellados en cajas. En los fragmentos se han identificado unos treinta manuscritos apartes del Nuevo Testamento, y los eruditos creen que quizá haya muchos más[17].

Cuando se trata de la autoridad del manuscrito del Nuevo Testamento, la abundancia de material es de veras asombrosa en contraste con la disponibilidad de los manuscritos de otros textos clásicos. Después del primer manuscrito en papiro descubierto que salva las distancias entre los tiempos de Cristo y el siglo segundo, salió a la luz una profusión de otros manuscritos. Existen más de veinte mil reproducciones de los manuscritos del Nuevo Testamento hasta el año 2009. *La Ilíada*, que está en segundo lugar después del Nuevo Testamento en cuanto a la autoridad del manuscrito, solo tiene seiscientos cuarenta y tres manuscritos en existencia.

> *Existen más de veinte mil reproducciones de los manuscritos del Nuevo Testamento hasta el año 2009. La Ilíada, que está en segundo lugar después del Nuevo Testamento en cuanto a la autoridad del manuscrito, solo tiene seiscientos cuarenta y tres manuscritos en existencia.*

El erudito judío Jacob Klausner dice: «Si tuviéramos fuentes antiguas como la de los Evangelios para la historia de Alejandro o César, no deberíamos ponerlos en duda alguna»[18].

Sir Frederic Kenyon, quien fuera el director y bibliotecario principal en el Museo Británico y cuya autoridad sobre manuscritos antiguos no tiene igual, concluye:

El intervalo entonces entre las fechas de la composición original y las primeras evidencias existentes llega a ser tan pequeño como para que sea insignificante en realidad, y el último fundamento para cualquier duda de que las Escrituras nos llegaron de manera sustancial tal y como se escribieron está eliminado ahora. Al fin puede considerarse como establecidas la autenticidad y la integridad general de los libros del Nuevo Testamento[19].

Otros están de acuerdo. El obispo anglicano e historiador del Nuevo Testamento Stephen Nelly sostiene la opinión de que «tenemos un cada vez mejor y más confiable texto del Nuevo Testamento que todas las demás obras antiguas cualesquiera que sean»[20].

Craig Blomberg, ex investigador principal invitado de la Universidad de Cambridge en Inglaterra y ahora profesor de Nuevo Testamento en el Seminario de Denver, explica que los textos del Nuevo Testamento «se han preservado en número mucho mayor y con mucho más cuidado que cualquier otro de los documentos antiguos». Blomberg concluye que «del noventa y siete al noventa y nueve por ciento del Nuevo Testamento se puede reconstruir más allá de cualquier duda razonable»[21].

El erudito en griego del Nuevo Testamento J. Harold Greenlee añade:

Puesto que los eruditos por regla general aceptan como confiables los escritos de los clásicos antiguos aun cuando los primeros manuscritos se escribieron mucho tiempo después de los escritos originales y el número de manuscritos existentes es en muchos casos muy pequeño, es evidente que la confiabilidad del texto del Nuevo Testamento está asegurado de igual modo[22].

La aplicación de la prueba bibliográfica al Nuevo Testamento nos garantiza que el manuscrito tiene más autoridad que cualquier otra obra de la literatura de la antigüedad. Si añadimos a esa autoridad los más de ciento treinta años de intensa crítica textual del Nuevo Testamento, podemos concluir que se ha establecido un texto auténtico del Nuevo Testamento.

¿Qué pasa con las variantes bíblicas?

En 2005, el crítico textual Bart Ehrman creó una tormenta de controversia con la publicación de su éxito de librería, *Misquoting Jesus*. Su afirmación era sencilla: los manuscritos bíblicos tienen tantos errores que no podemos recuperar el texto original. Algunos de esos errores fueron accidentales, afirma Ehrman, mientras que otros fueron intencionales. De cualquier manera, no se puede confiar en el Nuevo Testamento tal y como lo conocemos hoy en día.

Un punto clave que plantea Ehrman es el de las trescientas mil a cuatrocientas mil variantes entre los manuscritos del Nuevo Testamento. Una variante textual de los manuscritos del Nuevo Testamento tiene textos alternativos cada vez que quieras. Teniendo en cuenta que el Nuevo Testamento en griego de hoy en día tiene apenas ciento treinta y ocho mil palabras, la idea de que haya de dos a tres veces tantas variantes como palabras es bastante preocupante. No obstante, uno necesita darse cuenta de que gran número de variantes es un resultado directo de la gran cantidad que tenemos de manuscritos del Nuevo Testamento. No existe ninguna otra obra de la antigüedad que se aproxime a la riqueza de manuscritos disponibles del Nuevo Testamento. A más manuscritos que poseas, más variantes; a menos manuscritos, menos variantes. Sin embargo, este no es el cuadro completo. Cuando se observan las variantes más de cerca, surge una historia muy diferente.

Con mucho, la categoría más importante de las variantes está en las diferencias ortográficas. El nombre de Jadasá, por ejemplo, puede escribirse con «h» y sin acento: «Hadasa». Sin duda, una variación de este tipo de ninguna manera compromete el significado del texto. Las diferencias de ortografía representan alrededor del setenta y cinco por ciento de todas las variantes[23]. ¡Eso está entre las doscientas veinticinco mil y trescientas mil de todas las variantes! Otra gran categoría de variantes está compuesta por los sinónimos usados a través de los manuscritos. Por ejemplo, algunos manuscritos quizá se refieran a Jesús por su nombre propio, mientras que otros tal vez digan «Señor» o «él». Tales diferencias raras veces consideran el significado del texto en cuestión.

Cuando se tienen en cuenta todas las variaciones, apenas el uno por ciento involucra el significado del texto. No obstante, hasta ese hecho se puede exagerar. Por ejemplo, existe un desacuerdo en cuanto a si 1 Juan 1:4 se debió traducir: «Les escribimos estas cosas para que *nuestra* alegría sea completa» o «Les escribimos estas cosas, para que el gozo de *ustedes* sea completo» (RVC). Aunque este desacuerdo tiene que ver con el significado del pasaje, de ninguna manera pone en peligro una doctrina central de la fe cristiana. Por esta razón, los autores de *Reinventing Jesus* concluyen: «La respuesta corta a la pregunta de qué verdades teológicas están en juego en estas variantes es... ninguna»[24]. Como hemos visto en este capítulo, podemos tener un alto grado de confianza en los escritos del Nuevo Testamento.

Prueba de la evidencia interna

La prueba bibliográfica solo determina que el texto que tenemos ahora es el que se escribió en el principio. No solo tenemos que determinar aún si ese registro oficial original es creíble, sino también hasta qué punto es creíble. Esa es la tarea de la crítica interna,

que es la segunda prueba de historicidad citada por
Chauncey Sanders.

El apologista John W. Montgomery nos recuerda que

la erudición histórica y literaria persiste en
seguir la eminentemente justa sentencia de
Aristóteles de que el beneficio de la duda se le
debe dar al documento en sí, no que el crítico
se la atribuya a sí mismo.

Montgomery continúa:

Esto significa que uno debe estar atento a los
alegatos del documento bajo análisis, y no dar
por sentado el fraude ni el error a menos que el
autor se descalifique mediante contradicciones
o imprecisiones conocidas de los hechos[25].

Louis Gottschalk, ex profesor de historia en la
Universidad de Chicago, bosqueja su método histórico en una guía usada por muchos para la investigación histórica. Gottschalk señala que la capacidad del
escritor o de los testigos para decir la verdad es útil
para los historiadores en su esfuerzo por determinar
la credibilidad, «incluso si está contenida en un documento obtenido por la fuerza o el fraude, o que sea

censurable, o basada en pruebas indirectas, o de un testigo interesado»[26].

Esta capacidad para decir la verdad está estrechamente relacionada con la proximidad del testigo tanto de manera geográfica como cronológica a los acontecimientos registrados. Las narraciones en el Nuevo Testamento de la vida y la enseñanza de Jesús las escribieron hombres que o bien fueron testigos presenciales o que se relacionaron con esos testigos de los verdaderos acontecimientos o las enseñanzas de Cristo. Considera estas declaraciones del Nuevo Testamento:

> Muchos han intentado hacer un relato de las cosas que se han cumplido entre nosotros, tal y como nos las transmitieron los que desde el principio fueron testigos presenciales y servidores de la palabra. Por lo tanto, yo también, excelentísimo Teófilo, habiendo investigado todo esto con esmero desde su origen, he decidido escribírtelo ordenadamente, para que llegues a tener plena seguridad de lo que te enseñaron.
>
> Lucas 1:1-4

Los eruditos reconocen la veracidad histórica de Lucas. «El consenso de los eruditos liberales y conservadores es que Lucas es muy preciso como historiador», explica John McRay, profesor de Nuevo Testamento y arqueología en el *Wheaton College*:

> Es erudito, es elocuente, su griego se aproxima a la calidad clásica, escribe como un hombre educado, y los descubrimientos arqueológicos demuestran una y otra vez que Lucas es preciso en lo que tiene que decir[27].

Lucas no es el único escritor bíblico preocupado por la exactitud de la información. Considera algunos otros relatos:

> Cuando les dimos a conocer la venida de nuestro Señor Jesucristo en todo su poder, no estábamos siguiendo sutiles cuentos supersticiosos sino dando testimonio de su grandeza, que vimos con nuestros propios ojos.
>
> 2 Pedro 1:16

> Les anunciamos lo que hemos visto y oído, para que también ustedes tengan comunión con nosotros. Y nuestra comunión es con el Padre y con su Hijo Jesucristo.
>
> 1 Juan 1:3

> El que lo vio ha dado testimonio de ello, y su testimonio es verídico. Él sabe que dice la verdad, para que también ustedes crean.
>
> Juan 19:35

Después de padecer la muerte, se les presentó dándoles muchas pruebas convincentes de que estaba vivo. Durante cuarenta días se les apareció y les habló acerca del reino de Dios.

Hechos 1:3

Nosotros no podemos dejar de hablar de lo que hemos visto y oído.

Hechos 4:20

> **¿QUÉ PIENSAS TÚ?**
> Después de leer los relatos bíblicos anteriores de seis testigos presenciales, ¿qué palabras o frases que usan hacen que consideres con cuidado sus afirmaciones? ¿Qué emoción parece resonar en estos relatos?

Una vez examinados los testimonios de solo seis testigos presenciales (Mateo, Juan, Pablo, Pedro, Jacobo y Judas), el profesor de apologética Lynn Gardner concluye que en comparación con la evidencia de otras obras literarias de la antigüedad, «tenemos fuentes mucho mejores para nuestro conocimiento de Jesús de Nazaret»[28].

Esta cercanía de los escritores a los hechos que registraron ofrece una muy eficaz certificación de la exactitud de los testigos presenciales. Sus recuerdos son vívidos todavía. Sin embargo, el historiador debe lidiar con los testigos oculares que, aunque competentes para contar la verdad, dan falsas narraciones a propósito o de manera inconsciente.

Norman Geisler, fundador y presidente del Seminario Evangélico del Sur, resume el testimonio de los testigos presenciales:

> Tanto el gran número de las narraciones de Jesús de los testigos presenciales independientes [...] así como la naturaleza y la integridad de los mismos testigos dejan más allá de la duda razonable la confiabilidad del testimonio apostólico acerca de Cristo[29].

Las narraciones de Cristo del Nuevo Testamento circularon durante la vida de sus contemporáneos. Sin duda, esas personas cuyas vidas coinciden podrían confirmar o negar la exactitud de las narraciones. Al abogar su caso por el evangelio, los apóstoles apelaron (aun cuando se enfrentaran a sus más severos opositores) a un conocimiento común sobre Jesús. No solo dijeron: «Miren, nosotros vimos esto» o «Hemos escuchado que», sino que revirtieron la situación de una manera drástica y les dijeron justo en la cara de los críticos adversarios: «Ustedes saben también acerca de estas cosas. Ustedes las vieron. Ustedes mismos las conocen». Sin embargo, escuchen el desafío de los siguientes pasajes:

> Escuchen, pues, israelitas, lo que voy a decir: Como ustedes saben muy bien, Jesús de Nazaret fue un hombre a quien Dios aprobó ante ustedes,

haciendo por medio de él grandes maravillas, milagros y señales.

Hechos 2:22 (DHH)

Diciendo él estas cosas en su defensa, Festo a gran voz dijo: Estás loco, Pablo; las muchas letras te vuelven loco. Mas él dijo: No estoy loco, excelentísimo Festo, sino que hablo palabras de verdad y de cordura. Pues el rey sabe estas cosas, delante de quien también hablo con toda confianza. Porque no pienso que ignora nada de esto; pues no se ha hecho esto en algún rincón.

Hechos 26:24-26 (RV-60)

Sería mejor que uno fuera cuidadoso cuando le dice a su oponente: «Tú sabes esto también», porque si no existe el conocimiento común ni están de acuerdo con los detalles, nos tendríamos que tragar el desafío.

Con respecto a esta principal fuente de valor de los documentos del Nuevo Testamento, F.F. Bruce dice:

No solo los primeros predicadores tuvieron que tener en cuenta a los testigos presenciales favorables; hubo otros menos dispuestos que también estaban al corriente

> *«Las narraciones de Cristo del Nuevo Testamento circularon durante la vida de sus contemporáneos. Sin duda, esas personas cuyas vidas coinciden podrían confirmar o negar la exactitud de las narraciones.*

de los principales hechos del ministerio y de
la muerte de Jesús. Los discípulos no podían
permitirse el riesgo de inexactitudes (por no
hablar de la manipulación deliberada de los
hechos), que a la vez estarían expuestas a esos
que les encantaría mucho hacerlo. Al contrario, uno de los puntos fuertes en la predicación apostólica original es la confiada apela-
ción de los oyentes; no solo dijeron: «Nosotros somos testigos de estos acontecimientos»
(Hechos 5:32), sino también: «Como ustedes
saben muy bien» (Hechos 2:22, DHH). Si hubiese habido cualquier tendencia a apartarse
de los hechos respecto a cualquier documento,
la posible presencia de testigos hostiles en la
audiencia hubiera servido como un correctivo
mayor[30].

Lawrence J. McGinley del *Saint Peter's College*
comenta sobre el valor de los testigos hostiles con
relación al registro de los hechos:

Antes que todo, los testigos de los hechos en
cuestión todavía estaban vivos cuando se for-
mó por completo la tradición; y entre esos testigos presenciales estaban los enemigos acérri-
mos del nuevo movimiento religioso. Sin embargo, la tradición exigía narrar una serie de

bien conocidas obras y doctrinas enseñadas en público en un momento en el que se podían, y serían, impugnados los falsos testimonios[31].

Por eso el renombrado historiador David Hackett Fischer, profesor de historia en la Universidad de Brandeis, explica que el testimonio de los apóstoles como testigos presenciales es «la mejor de las pruebas relevantes»[32].

El erudito en Nuevo Testamento Robert Grant, de la Universidad de Chicago, concluye:

En el momento en que se escribieron [los Evangelios Sinópticos], o se supone que se escribieran, había testigos presenciales y su testimonio no se desdeñaba por completo [...] Esto significa que los Evangelios deben considerarse en gran medida testigos fiables de la vida, la muerte y la resurrección de Jesús[33].

El historiador Will Durant, que se preparó en la disciplina de la investigación histórica y se pasó la vida analizando documentos de la antigüedad, escribe:

A pesar de los prejuicios y los falsos conceptos teológicos de los evangelistas, estos registraron muchos incidentes que hubieran ocultado simples inventores: la competencia de los apóstoles por los lugares altos en el reino, su huida después del arresto de Jesús, la negación de Pedro, el hecho de que Cristo no hiciera milagros en Galilea, las referencias de algunos oyentes de su posible locura, sus primeras dudas en cuanto a su misión, sus confesiones de ignorancia respecto al futuro, sus momentos de amargura, su grito desesperado de la cruz; nadie que lea estas escenas puede dudar de la realidad del personaje detrás de ellas. Que unos pocos y sencillos hombres hayan inventado una personalidad tan poderosa y atractiva, tan sublime y ética y tan inspiradora de una visión de hermandad humana, sería un milagro mucho más increíble que cualquiera registrado en los Evangelios. Después de dos siglos de crítica textual, las descripciones de la vida, el carácter y las enseñanzas de Cristo siguen siendo claras de un modo razonable, y constituyen la característica más fascinante en la historia del hombre occidental[34].

Prueba de la evidencia externa

La tercera prueba de la historicidad es la de la evidencia externa. El asunto aquí es si otro material histórico confirma o niega el testimonio interno de los propios documentos. En otras palabras, ¿qué fuentes, aparte de la literatura bajo análisis, respalda la veracidad, la confiabilidad y la autenticidad del documento?

Louis Gottschalk opina que «la *conformidad* o la *concordia* con otros hechos históricos o científicos a menudo es la prueba de la evidencia decisiva, ya sea de uno o más testigos»[35].

Dos amigos y discípulos del apóstol Juan confirman la evidencia interna que aparece en las narraciones de Juan. El primero fue Papías, obispo de Hierápolis (130 d.C.). El historiador Eusebio conserva los escritos de Papías como sigue:

> El Anciano [el apóstol Juan] solía decir esto: «Marcos, al ser el intérprete de Pedro, escribió con exactitud todo lo que él [Pedro] mencionó, ya sean los dichos u obras de Cristo, pero no en orden. Pues él no fue ni oyente ni compañero del Señor; pero después, como he dicho, acompañó a Pedro, quien adaptó sus enseñanzas tal como lo requería la necesidad, no como si fuera a hacer una recopilación de los dichos del Señor. De modo que Marcos no cometió ningún error, escribió a su manera algunas cosas como las mencionó; pues prestó atención a esta única

La tercera prueba de la historicidad es la de la evidencia externa: si otro material histórico confirma o niega el testimonio interno de los propios documentos.

cosa: no omitir nada de lo que había escuchado, ni incluir ninguna falsa declaración entre
ellas»[36].

El segundo amigo de Juan fue uno de sus dis-
cípulos, Policarpo, quien se convirtió en obispo de
Esmirna y fue cristiano durante ochenta y seis años.
El alumno de Policarpo, Ireneo, más tarde obispo de
Lyon (180 d. C.), escribió de lo que aprendió de Poli-
carpo (discípulo de Juan):

Mateo publicó su Evangelio entre los hebreos
[es decir, judíos] en su propia lengua, cuando
Pedro y Pablo predicaban el evangelio en
Roma y fundaron la iglesia allí. Después
de su partida [es decir, muerte, que una
sólida tradición la coloca en el tiempo de la
persecución de Nerón en 64 d. C.], el mismo
Marcos, discípulo e intérprete de Pedro, nos
dejó por escrito la sustancia de la predicación
de Pedro. Lucas, seguidor de Pablo, escribió
en un libro el evangelio predicado por su
maestro. Luego Juan, el discípulo del Señor,
que también se reclinó sobre su pecho [esto
es una referencia a Juan 13:25 y 21:20],
redactó su Evangelio, mientras vivía en Éfeso
en Asia[37].

En *The Historical Jesus: Ancient Evidence for the Life of Christ*, Gary Habermas documenta con meticulosidad la evidencia extrabíblica para el Jesús histórico. Los documentos griegos, romanos y judíos ofrecen apoyo para elementos clave de la vida, el ministerio y la muerte de Jesús. Esta evidencia incluye ejemplos notables tales como (1) la crucifixión de Jesús por los romanos; (2) la adoración de Jesús como deidad; (3) la creencia en la resurrección de Jesús; (4) Jesús que es el hermano de Jacobo; y (5) la tumba vacía. Habermas concluye que «las antiguas fuentes extrabíblicas presentan una cantidad sorprendentemente grande de detalles con respecto a la vida de Jesús y la naturaleza del cristianismo primitivo»[38].

> **¿ ¿QUÉ PIENSAS TÚ?**
>
> Aun con la evidencia arqueológica, los críticos a menudo declaran que las Escrituras no son fieles desde el punto de vista histórico. ¿Por qué crees que ese sea el caso? ¿Hay alguna evidencia que sería irrefutable para ti? **?**

La arqueología proporciona también poderosas evidencias externas. Esto contribuye a la crítica bíblica, no en el campo de la inspiración y la revelación, sino por brindar pruebas de la precisión sobre los acontecimientos registrados. El arqueólogo Joseph Free escribe: «La arqueología ha confirmado innumerables pasajes que los críticos han rechazado como no históricos o contradictorios a los hechos conocidos»[39].

Ya hemos visto cómo la arqueología causó que Sir William Ramsay cambiara sus convicciones iniciales negativas acerca de la historicidad de Lucas y concluyera que el libro de los Hechos fue fiel en su descripción de la geografía, las antigüedades y la sociedad del Asia Menor.

F.F. Bruce señala que «en los casos en que se había sospechado de la inexactitud de Lucas, y se ha reivindicado la veracidad por alguna evidencia [externa] de inscripción, puede ser legítimo decir que la arqueología ha confirmado el texto del Nuevo Testamento»[40].

> Si uno desecha la Biblia como poco confiable en lo histórico, debemos rechazar toda la literatura de la antigüedad.

A.N. Sherwin-White, un historiador clásico, escribe que «para el libro de Hechos la confirmación de la historicidad es abrumadora». Continúa diciendo que «cualquier intento de rechazar sus principios básicos de historicidad, incluso en los asuntos o detalles, ahora debe parecer absurdo. Hace mucho tiempo que los historiadores romanos lo dan por sentado»[41].

Después de intentar personalmente de destruir la historicidad y la validez de las Escrituras, me he visto obligado a concluir que son dignas de confianza desde el punto de vista histórico. Si uno desecha la Biblia como poco confiable en lo histórico, debemos rechazar toda la literatura de la antigüedad. Ningún otro documento tiene tanta evidencia para confirmar su veracidad. Un problema que enfrento sin cesar es el deseo por parte de muchos de aplicarles una norma a la prueba de literatura secular y otra a la de la Biblia. Debemos aplicar la misma norma, ya sea si la literatura bajo investigación es secular o es religiosa. Al hacerlo, estoy convencido de que la Biblia es fidedigna e históricamente confiable en su testimonio acerca de Jesús.

Clark H. Pinnock, profesor de teología sistemática en el *Regent College*, declara:

> No existe un documento del mundo antiguo atestiguado por tan excelente conjunto de testimonios textuales e históricos, y que ofrezca tan magnífica colección de datos históricos con los que se pueda tomar una decisión inteligente. Una [persona] sincera no puede desestimar una fuente de este tipo. El escepticismo con respecto a las credenciales históricas del cristianismo se basa en una predisposición irracional [es decir, contraria a lo sobrenatural][42].

Douglas Groothuis, profesor asociado de filosofía y jefe del departamento de religión en el Seminario de Denver, señala que «el Nuevo Testamento está mejor autenticado por los manuscritos antiguos que cualquier otra obra de la literatura antigua»[43].

CAPÍTULO SIETE

¿Quién moriría por una mentira?

LOS QUE DESAFÍAN AL CRISTIANISMO A MENUDO PASAN POR ALTO un aspecto de la evidencia: la transformación de los apóstoles de Jesús. Las vidas de esos hombres cambiadas de manera radical nos dan un sólido testimonio para la validez de las afirmaciones de Cristo.

Debido a que la fe cristiana es histórica, nuestro conocimiento debe depender en gran medida del testimonio, tanto escrito como oral. Sin tal testimonio, no tenemos una ventana a ningún hecho histórico, cristiano o no. Es más, toda la historia es, en esencia, un conocimiento del pasado basado en el testimonio. Si la dependencia de tal testimonio parece darle a la historia un cimiento demasiado inestable, debemos preguntarnos: ¿Qué otra cosa podemos aprender del pasado? ¿Cómo podemos saber que Napoleón vivió? Ninguno de nosotros estaba vivo en su tiempo. No lo vimos ni lo conocimos. Debemos confiar en el testimonio.

Nuestro conocimiento de la historia tiene un problema inherente: ¿Podemos confiar en que el testimonio es fidedigno? Puesto que nuestro conocimiento del cristianismo está basado en el testimonio dado en un pasado distante, debemos preguntarnos si podemos depender de su veracidad. ¿Fueron dignos de confianza los testimonios orales acerca de Jesús? ¿Podemos confiar en ellos para comunicar de manera adecuada lo que dijo e hizo Jesús? Creo que podemos hacerlo.

Confío en los testimonios de los apóstoles porque once de esos hombres murieron como mártires debido a que sostuvieron con firmeza dos verdades: La deidad de Cristo y su resurrección. A estos hombres los torturaron y flagelaron, y al final sufrieron la muerte mediante algunos de los más crueles métodos entonces conocidos[1]:

1. Pedro, en un principio llamado Simón: crucificado.
2. Andrés: crucificado.

3. Jacobo, hijo de Zebedeo: lo mataron con una espada.
4. Juan, hijo de Zebedeo: murió de muerte natural.
5. Felipe: crucificado.
6. Bartolomé: crucificado.
7. Tomás: lo atravesaron con una lanza.
8. Mateo: lo mataron con una espada.
9. Jacobo, hijo de Alfeo: crucificado.
10. Tadeo: lo mataron con flechas.
11. Simón, el Zelote: crucificado.

El punto de vista que escucho a menudo es: «Bueno, esos hombres murieron por una mentira. Mucha gente ha hecho eso. Entonces, ¿qué es lo que prueba?».

Sí, muchas personas han muerto por una mentira, pero creían que eso era la verdad. ¿Cuál fue el caso de los discípulos? Si la resurrección no ocurrió, es obvio que los discípulos lo hubieran sabido. No puedo encontrar ninguna manera de que hubieran podido engañar a estos hombres en particular. Por lo tanto, no solo habrían muerto por una mentira, he aquí el problema, sino que habrían *sabido* que era una mentira.

Veamos varios factores que nos ayudarán a comprender la verdad precisa de lo que creían.

1. Fueron testigos presenciales

En su erudito libro de 2006, *Jesus and the Eyewitnesses*, el profesor de Nuevo Testamento Richard Bauckham demuestra que los cuatro Evangelios ofrecen testimonios confiables que tienen su origen en los mismos testigos presenciales[2].

Los apóstoles escribieron y otros discípulos hablaron como verdaderos testigos oculares de los hechos que describían. Pedro dijo: «Cuando les dimos a conocer la venida de nuestro Señor Jesucristo en todo su poder, no estábamos siguiendo sutiles cuentos supersticiosos sino dando testimonio de su grandeza, que vimos con nuestros propios ojos» (2 Pedro 1:16). Sin duda, los apóstoles conocían la diferencia entre el mito o la leyenda y la realidad.

En su primera carta, Juan enfatizó el hecho de que el conocimiento de los discípulos provenía de ser testigos presenciales, explicando cómo los demás apóstoles y él obtuvieron su información acerca de lo que Jesús «hizo» y «dijo»: «Lo que ha sido desde el principio, lo que hemos oído, lo que hemos visto con nuestros propios ojos, lo que hemos contemplado, lo que hemos tocado con las manos,

> A través de la historia, muchas personas han muerto por lo que pensaban que era verdad. Sin embargo, para los discípulos de Jesús, la mayoría de los cuales fueron mártires por Cristo, si la resurrección no ocurrió, es obvio que lo hubieran sabido.

esto les anunciamos respecto al Verbo que es vida. Esta vida se manifestó. Nosotros la hemos visto y damos testimonio de ella, y les anunciamos a ustedes la vida eterna que estaba con el Padre y que se nos ha manifestado. Les anunciamos lo que hemos visto y oído, para que también ustedes tengan comunión con nosotros. Y nuestra comunión es con el Padre y con su Hijo Jesucristo» (1 Juan 1:1-3). Juan comenzó la última porción de su Evangelio diciendo que «Jesús hizo muchas otras señales milagrosas en presencia de sus discípulos, las cuales no están registradas en este libro» (Juan 20:30).

> **¿QUÉ PIENSAS TÚ?**
> ¿Hay algo o alguien por lo que morirías? ¿Por qué te sientes de esa manera?

Lucas dijo: «Muchos han intentado hacer un relato de las cosas que se han cumplido entre nosotros, tal y como nos las transmitieron los que desde el principio fueron testigos presenciales y servidores de la palabra. Por lo tanto, yo también, excelentísimo Teófilo, habiendo investigado todo esto con esmero desde su origen, he decidido escribírtelo ordenadamente, para que llegues a tener plena seguridad de lo que te enseñaron» (Lucas 1:1-4).

> **¿QUÉ PIENSAS TÚ?**
> ¿Alguna vez has sido testigo de algo y, más tarde, te pidieron que contaras lo que viste? ¿La gente te creyó? ¿Qué hace que alguien sea un testigo creíble?

Entonces en el libro de Hechos, Lucas describió el período de los cuarenta días después de la resurrección, cuando los seguidores de Jesús lo observaron de cerca: «Estimado Teófilo, en mi primer libro me referí a todo lo que Jesús comenzó a hacer y enseñar hasta el día en que fue llevado al cielo, luego de darles instrucciones por medio del Espíritu Santo a los apóstoles que había escogido. Después de padecer la muerte, se les presentó dándoles muchas pruebas convincentes de que estaba vivo. Durante cuarenta días se les apareció y les habló acerca del reino de Dios» (Hechos 1:1-3).

El tema central de los siguientes testimonios de los testigos presenciales es la resurrección de Jesús. Los apóstoles fueron testigos de su vida resucitada.

2. Estaban convencidos

Los apóstoles pensaban que cuando muriera Jesús, terminaba todo. En cuanto lo arrestaron, huyeron y se escondieron (lee Marcos 14:50). Cuando les dijeron que la tumba estaba vacía, al principio no lo creyeron (lee Lucas 24:11). Solo creyeron después de una amplia y convincente evidencia. Luego tenemos a Tomás, que dijo que no creería que Cristo había resucitado de los muertos hasta que no pusiera su dedo en las heridas de Él. Más tarde, Tomás muere como mártir por Cristo. ¿Lo engañaron? Apostó su vida a que no era así.

Entonces tenemos a Pedro. Negó a su Señor varias veces durante el juicio de Cristo y desertó al final. Sin embargo, algo cambió a este cobarde. Poco tiempo después de la crucifixión y la sepultura de Cristo, Pedro apareció en Jerusalén predicando con audacia, bajo amenaza de muerte, que Jesús era el Cristo y que había resucitado. Al final, crucificaron a Pedro (de cabeza, según la tradición). ¿Qué podría haber cambiado a este aterrado desertor en un intrépido león a favor de Jesús? ¿Por qué de repente Pedro estuvo dispuesto a morir por Él? ¿Engañaron al apóstol? Difícilmente. La única explicación que me satisface es la que leemos en 1 Corintios 15:5, que después de la resurrección de Cristo, «se le apareció a Pedro» (TLA). Pedro fue testigo de la resurrección de su Señor y creyó... hasta el punto de que estuvo dispuesto a morir por su creencia.

El ejemplo clásico de un hombre convencido en contra de su voluntad fue Jacobo, el hermano de Jesús. (Aunque Jacobo no era uno de los Doce originales [lee Mateo 10:2-4], más tarde le reconocieron como apóstol [lee Gálatas 1:19], como

> **¿QUÉ PIENSAS TÚ?**
>
> En su mayor parte, los hermanos de Jesús fueron reacios a lo que Él estaba haciendo y diciendo. Tradicionalmente, los integrantes de la familia suelen ser los más reacios a un cambio en uno de la familia. ¿Por qué crees que es así?

lo fueron Pablo y Bernabé [lee Hechos 14:14]). Mientras Jesús maduraba y se ocupaba de su ministerio, Jacobo no creía que su hermano fuera el Hijo de Dios (lee Juan 7:5). Sin duda, Jacobo se burlaba de Jesús junto con sus hermanos y es posible que le dijera cosas como: «¿Tú quieres que la gente crea en ti? ¿Por qué no vas a Jerusalén y montas un gran espectáculo con todos tus milagros y sanidades?». Jacobo debe haberse sentido humillado de que su hermano anduviera de un sitio para otro avergonzando y ridiculizando el nombre de la familia con todas sus audaces afirmaciones: «Yo soy el camino, la verdad y la vida [...] Nadie llega al Padre sino por mí» (Juan 14:6); «Yo soy la vid y ustedes son las ramas» (Juan 15:5); «Yo soy el buen pastor; conozco a mis ovejas, y ellas me conocen a mí» (Juan 10:14). ¿Qué pensarías tú si tu hermano anduviera de un lado para otro de la ciudad diciendo esas cosas?

Sin embargo, algo le pasó a Jacobo. Después que crucificaron y sepultaron a Jesús, Jacobo se fue a predicar a Jerusalén. Su mensaje era que Jesús murió por nuestros pecados, resucitó y está vivo. Al final, Jacobo se convirtió en una figura destacada en la iglesia de Jerusalén y escribió un libro, la Epístola de Santiago[3]. La comenzó escribiendo: «Jacobo, siervo de Dios y del Señor Jesucristo» (Santiago 1:1, RV-09). Al final, a Jacobo lo apedrearon hasta la muerte por orden del sumo sacerdote Ananías[4]. ¿Qué pudo haber cambiado a Jacobo de un avergonzado burlón, a uno dispuesto a morir por la divinidad de su hermano? ¿Engañaron a Jacobo? No. La única explicación posible es la que leemos en 1 Corintios 15:7: «Luego [después de la resurrección de Cristo] se apareció a Jacobo». Jacobo vio al Cristo resucitado y creyó.

> ¿Qué pudo haber cambiado a Jacobo de un avergonzado burlón, a uno dispuesto a morir por la divinidad de su hermano? Jacobo vio al Cristo resucitado y creyó.

J.P. Moreland, profesor de filosofía en la Escuela de Teología Talbot, explica el significado del hecho de que Jacobo, el hermano de Jesús, terminara creyendo en Jesús como el Mesías:

Los Evangelios nos dicen que los miembros de la familia de Jesús, entre ellos Jacobo, estaban avergonzados por quién decía ser Jesús. No creían en él; lo confrontaban. En el judaísmo antiguo era una gran vergüenza que la familia de un rabino lo aceptara. Por lo tanto, los escritores de los Evangelios no hubieran tenido motivo alguno para inventar ese escepticismo si no fuera verdad. Más tarde el historiador Josefo nos dice que Jacobo, el hermano de Jesús, que fue líder de la iglesia de Jerusalén, fue apedreado de muerte por su creencia en su hermano. ¿Por qué cambió la vida de Jacobo? Pablo nos dice: se le apareció el Jesús resucitado. No hay otra explicación[5].

Si la Resurrección fue una mentira, lo hubieran sabido los apóstoles. ¿Perpetuaron un colosal engaño? Tal posibilidad es incoherente con lo que sabemos acerca de la calidad moral de sus vidas. Condenaron de manera personal la mentira y enfatizaron la sinceridad. Alentaron a las personas a conocer la verdad. El historiador Edward Gibbon, en su famosa obra *The History of the Decline and Fall of the Roman Empire*, da la «más pura, pero austera moralidad de los primeros cristianos» como una de las cinco razones para el rápido éxito del cristianismo[6]. Michael Green, un investigador principal invitado de Wycliffe Hall, Universidad de Oxford, observa que la Resurrección fue la convicción que cambió los quebrantados corazones de los seguidores de un rabí crucificado a los valerosos testigos y mártires de la iglesia primitiva. Esta fue la única creencia que separó a los seguidores de Jesús de los judíos y los transformó en la comunidad de la resurrección. Uno podría encarcelarlos, flagelarlos, matarlos, pero no podríamos hacerles negar su convicción de «que resucitó al tercer día»[7].

3. Se convirtieron en valientes

La valerosa conducta de los apóstoles justo después de que se convencieran de la Resurrección hace improbable en gran medida que todo fuera un fraude. Se convirtieron en valientes de la noche a la mañana. Después de la Resurrección, Pedro, quien negó a Cristo, se mantuvo firme incluso ante amenaza de muerte y proclamó que Jesús estaba vivo. Las autoridades arrestaban a los discípulos de Cristo y los golpeaban, pero ellos pronto regresaban a la calle hablando acerca de Jesús (lee Hechos 5:40-42). Sus amigos notaban su gozo, y sus enemigos notaban su valor. Recuerda que los apóstoles no limitaban su valentía a ciudades desconocidas. Predicaban en Jerusalén.

Los discípulos de Jesús no hubieran enfrentado la tortura ni la muerte a menos que estuvieran convencidos de su resurrección. La unanimidad de su mensaje y su conducta eran asombrosas. Las probabilidades en contra de que un grupo tan grande de personas estuviera de acuerdo en un tema tan controversial eran enormes, pero todos esos hombres estuvieron de acuerdo en la verdad de la Resurrección. Si eran engañadores, es difícil explicar el porqué al menos uno de ellos no se diera por vencido ante la presión que soportaban.

> *Los discípulos de Jesús no hubieran enfrentado la tortura ni la muerte a menos que estuvieran convencidos de su resurrección. La unanimidad de su mensaje y su conducta eran asombrosas.*

Blaise Pascal, el filósofo francés, escribe:

> El alegato de que los apóstoles eran impostores es muy absurdo. Sigamos la acusación hasta su lógica conclusión. Imaginémonos a esos doce hombres, reunidos después de la muerte de Cristo, y entrando en conspiración para decir que Él resucitó. Eso habría constituido un ataque tanto contra las autoridades civiles como religiosas. El corazón del hombre es dado de manera peculiar a veleidades y cambios; lo persuaden con promesas, lo tientan con cosas materiales. Si alguno de esos hombres hubiera sucumbido ante tentaciones tan atractivas, o le hubieran cedido el paso a los más persuasivos argumentos de prisión y tortura, todos hubieran estado perdidos[8].

¿QUÉ PIENSAS TÚ?

¿Tú admiras a las personas que están dispuestas a morir, o murieron, por una causa? ¿Qué te atrae de ellas? ¿Qué te atemoriza? ¿Hay algo que podemos aprender de ellos?

«Cuando Jesús fue crucificado», explica J.P. Moreland, sus seguidores se desanimaron y se deprimieron. Ya no tenían confianza en que Jesús había sido enviado por Dios porque creían que cualquier persona crucificada era maldecida por Dios. También les habían enseñado que Dios no permitiría que su

Mesías sufriera la muerte. Por lo tanto, se dispersaron. El movimiento de Jesús quedó parado en seco. Luego, al cabo de un corto período de tiempo, los vemos abandonar sus ocupaciones, volver a reunirse y comprometerse a anunciar un mensaje muy específico: que Jesucristo era el Mesías de Dios que murió en una cruz, volvió a la vida y que ellos lo vieron con vida. Y estuvieron dispuestos a pasar el resto de sus vidas proclamándolo sin ninguna recompensa desde el punto de vista humano. No es que los esperaba una mansión en el Mediterráneo. Enfrentaron una vida de privaciones. A menudo no tenían comida, dormían a la intemperie, eran ridiculizados, golpeados, encarcelados. Y finalmente, la mayoría de ellos fueron ejecutados y torturados. ¿Por qué? ¿Por buenas intenciones? No, porque estaban convencidos más allá de toda sombra de duda de que habían visto a Jesucristo salir vivo de entre los muertos. Lo que uno no puede explicar es cómo a este grupo particular de hombres se les ocurrió esa creencia en particular sin haber tenido la experiencia del Cristo resucitado. No hay otra explicación adecuada[9].

«¿Cómo se transformaron, casi de la noche a la mañana, en la indomable banda de entusiastas que desafiaba la oposición, el cinismo, el ridículo, la tribulación, la cárcel y la muerte en tres continentes, mientras predicaban en todas partes de Jesús y la resurrección?», pregunta Michael Green[10].

Un escritor narra de manera descriptiva los cambios que ocurrieron en las vidas de los apóstoles:

> El día de la crucifixión estaban llenos de tristeza; el primer día de la semana, de alegría. En la crucifixión estaban desesperados; el primer día de la semana sus corazones resplandecían de confianza y esperanza. Cuando recibieron el mensaje de la resurrección por primera vez, fueron incrédulos y difíciles de convencer, pero una vez que llegaron a estar seguros no volvieron a dudar jamás. ¿Qué podría justificar el cambio tan asombroso de estos hombres en tan poco tiempo? La simple eliminación del cuerpo del sepulcro nunca podría haber transformado su espíritu ni su carácter. Tres días no son suficientes para que aparezca de repente una leyenda que los afecte tanto. El proceso de formación de una leyenda necesita tiempo. Es una realidad psicológica que exige una total explicación. Piensa en el carácter de los testigos: hombres y mujeres que le

A la mayoría de los discípulos de Jesús los ejecutaron y torturaron. ¿Por qué? ¿Por buenas intenciones? No, porque estaban convencidos más allá de toda sombra de duda de que habían visto a Jesucristo salir vivo de entre los muertos.

dieron al mundo la enseñanza de más alta ética conocida jamás, y que incluso la vivieron, según lo testifican sus enemigos. Piensa en el absurdo psicológico de imaginar una pequeña banda de cobardes en un aposento alto un día y pocos días después transformados en una compañía que no podía silenciar la persecución; y luego intenta atribuir este extraordinario cambio a nada más convincente que una desdichada fabricación que trataban de imponerle al mundo. A decir verdad, eso no tendría sentido[11].

El historiador de la iglesia Kenneth Scott Latourette escribe:

Los efectos de la resurrección y la venida del Espíritu Santo sobre los discípulos fueron [...] de gran importancia. De los desalentados y desilusionados hombres y mujeres que con tristeza volvían la vista atrás a los días cuando esperaban que Jesús fuera «quien redimiría a Israel», se convirtieron en una compañía de entusiastas testigos[12].

N.T. Wright, ex profesor de estudios del Nuevo Testamento en la Universidad de Oxford, Inglaterra, explica:

El historiador tiene que decir: «¿Cómo explicamos el hecho de que este movimiento de Jesús como el Mesías se propagara como el fuego, aun cuando se había crucificado a Jesús?». La respuesta tiene que ser: es posible porque Él resucitó de los muertos[13].

Paul Little, quien fuera profesor asociado de evangelización en la *Trinity Evangelical Divinity School*, pregunta:

¿Son estos hombres, que ayudaron a transformar la estructura moral de la sociedad, unos mentirosos consumados o locos engañados? Estas alternativas son más difíciles de creer que el hecho de la Resurrección, y no existe evidencia que las apoyen[14].

La firmeza de los apóstoles, aun ante la muerte, no se puede justificar con habilidad. De acuerdo con la *Enciclopedia Británica*, el filósofo Orígenes registra que a Pedro lo crucificaron de cabeza. El historiador cristiano Herbert B. Workman describe la muerte de los apóstoles:

De este modo a Pedro, como profetizó nuestro Señor, lo «vistió» otro, y lo «llevaron» a la muerte a lo largo de la vía Aurelia, a un lugar muy cerca de los jardines de Nerón en la colina del Vaticano, donde tantos de sus hermanos ya habían sufrido una muerte cruel. Por petición propia, lo crucificaron de cabeza, dado que era indigno de sufrir como su Maestro[15].

Harold Mattingly, que fuera profesor emérito en la Universidad de Leeds, escribe en su texto de historia: «Los apóstoles, San Pedro y San Pablo, sellaron su testimonio con su sangre»[16]. Tertuliano escribió que «ningún hombre estaría dispuesto a morir a menos que supiera que tenía la verdad»[17]. Simon Greenleaf, profesor de leyes en Harvard y un hombre que diera conferencias por años sobre cómo analizar a un testigo y determinar si miente o no, concluye:

Los anales de la guerra militar apenas permiten un ejemplo de similar constancia heroica, paciencia e inquebrantable valor. Ellos tenían todos los motivos posibles para examinar con cuidado los fundamentos de su fe, y las evidencias de los grandes hechos y las verdades que sostenían[18].

El profesor de Historia Lynn Gardner pregunta con razón:

> El silencio de la historia es ensordecedor cuando se trata del testimonio en contra de la resurrección.

¿Por qué morirían por lo que sabían que era mentira? A una persona la podrían engañar y morir por una falsedad. Sin embargo, los apóstoles estaban en una posición de conocer los hechos acerca de la resurrección de Jesús, y aun así murieron por esto[19].

Tom Anderson, ex presidente de la Asociación de Abogados de California, declara:

> Supongamos que las narraciones escritas de sus apariciones a cientos de personas sean falsas. Quiero plantear una pregunta. Con un hecho tan bien divulgado, ¿no crees que es razonable que un historiador, un testigo ocular, un antagonista registre para siempre que había visto el cuerpo de Cristo? [...] El silencio de la historia es ensordecedor cuando se trata del testimonio en contra de la resurrección[20].

J.P. Moreland destaca: «No conozco ningún historiador que dude que el cristianismo comenzó en Jerusalén solo unas semanas después de la muerte de Jesús ante testigos presenciales favorables y hostiles»[21].

Además de esto, como William Lane Craig, profesor investigador de filosofía en la Escuela de Teología Talbot, concluye:

> La ubicación de la tumba de Jesús era conocida tanto por los cristianos como por los judíos. Por lo tanto, si no hubiera estado vacía, habría sido imposible que un movimiento fundado en la creencia de la resurrección pudiera haber surgido en la misma ciudad donde este hombre había sido ejecutado y sepultado públicamente[22].

Los apóstoles pasaron a través de la prueba de la muerte a fin de confirmar la veracidad de lo que proclamaban. Creo que puedo confiar más en su testimonio que en el de la mayoría de las personas que conozco hoy en día. Me aflige encontrar a tantos sin la suficiente convicción en sus vidas incluso para cruzar la calle por lo que creen, mucho menos para morir por esto.

> **¿QUÉ PIENSAS TÚ?**
> ¿Cuánta credibilidad merecen los discípulos por ofrendar sus vidas como confirmación de sus creencias? ¿Podrían haber hecho algo más para mostrar su sinceridad?

CAPÍTULO OCHO

¿Para qué sirve un Mesías muerto?

MUCHAS PERSONAS HAN MUERTO POR CAUSAS EN LAS QUE CREYERON. En los años sesenta, muchos budistas se prendieron fuego hasta morir a fin de atraer la atención del mundo a las injusticias en el sudeste asiático. A principios de la década de los setenta, un estudiante de San Diego se prendió fuego hasta morir en protesta de la guerra de Vietnam. En septiembre de 2001, varios extremistas musulmanes secuestraron aviones y los estrellaron contra las torres del Centro del Comercio Mundial y el Pentágono con el propósito de causarle daño a una nación que consideraban enemiga de su religión.

Los apóstoles pensaban que tenían una buena causa por la cual morir, pero se quedaron pasmados y desilusionados cuando esa buena causa murió en la cruz. Creían que Él era el Mesías. No consideraban que pudiera morir. Estaban convencidos de que Él era el único que establecería el reino de Dios y gobernaría al pueblo de Israel, y su muerte destrozó sus esperanzas.

¿QUÉ PIENSAS TÚ?

¿Alguna vez has oído hablar de alguien que tenga complejo de mesías? ¿Puedes explicar lo que eso significa? ¿Cómo el comportamiento de Jesús difiere de lo que la gente espera de un mesías?

A fin de comprender la relación de los apóstoles con Cristo y por qué la cruz les resultó tan incomprensible, uno debe captar la actitud nacional en cuanto al Mesías en el tiempo de Cristo. Su vida y sus enseñanzas estaban en tremendo conflicto con la comprensión mesiánica de los judíos de esa época. Desde la niñez, a un judío se le enseñaba que cuando viniera el Mesías, sería un líder político victorioso y reinante. Libertaría a los judíos de la esclavitud de los romanos y le restauraría a Israel el lugar que le correspondía como una nación independiente que brillaría como un faro para todo el mundo. Un Mesías sufriente era «extraño por completo a la concepción del oficio del Mesías»[1].

E.F. Scott, profesor del Seminario Teológico Unión, da su narración de la expectante atmósfera en el tiempo de Cristo:

El período era de intenso entusiasmo. Los líderes religiosos encontraban casi imposible refrenar el ardor del pueblo, que esperaba en todas partes la aparición del prometido Libertador. Sin duda, ese estado anímico de expectación se había elevado por los hechos de la historia reciente.

Por más de una generación pasada, los romanos habían usurpado la libertad judía, y sus medidas de represión avivaban siempre el espíritu de intenso patriotismo. El sueño de una milagrosa liberación, y de un rey mesiánico que la llevara a cabo, asumió un nuevo significado en ese momento crítico; pero en sí mismo no era nada nuevo. Detrás de la efervescencia de la que tenemos evidencias en los Evangelios, podemos discernir un largo período de creciente expectación.

Para el pueblo en general, el Mesías seguía siendo lo que fue para Isaías y sus contemporáneos: el Hijo de David que traería la victoria y la prosperidad a la nación judía. En vista de las referencias del Evangelio, a duras penas se puede dudar que el concepto popular del Mesías fuera ante todo nacional y político[2].

El erudito judío Joseph Klausner escribe: «El Mesías no solo llegó a ser cada vez más un sobresaliente gobernador político, sino también un hombre de sobresalientes cualidades morales»[3].

Jacob Gartenhaus, fundador de la Junta Internacional de Misiones Judías, refleja las creencias predominantes en el tiempo de Cristo: «Los judíos aguardaban al Mesías como el que los libraría de la opresión romana [...] La esperanza mesiánica era, en esencia, por una liberación nacional»[4].

La *Enciclopedia Judía* declara que los judíos

anhelaban el libertador prometido de la casa de David, quien los liberaría del yugo del odiado usurpador extranjero, pondría fin al impío gobierno romano y establecería su propio reino de paz y justicia en su lugar[5].

> Jesús era tan diferente a lo que esperaban todos los judíos que fuera el Hijo de David, que sus propios discípulos encontraron casi imposible conectar la idea del Mesías con Él.

En ese tiempo los judíos se refugiaban en el Mesías prometido. Los apóstoles sostenían las mismas creencias que las personas a su alrededor. Como declara Millar Burrows de la Escuela de Divinidades de la Universidad de Yale: «Jesús era tan diferente a lo que esperaban todos los judíos que fuera el Hijo de David que sus propios discípulos encontraron casi imposible conectar la idea del Mesías con Él»[6]. De ningún modo, los discípulos aceptaban las severas predicciones de la crucifixión de Jesús (lee Lucas 9:22). A.B. Bruce, profesor escocés de Nuevo Testamento, observa que allí

> parece haber estado la esperanza de que Él hubiera tomado un punto de vista demasiado sombrío de la situación y que sus aprensiones resultarían infundadas [...] un Cristo crucificado era un escándalo y una contradicción para los apóstoles; tanto como lo sigue siendo para la mayoría del pueblo judío después que el Señor ascendió a la gloria[7].

Alfred Edersheim, quien fuera conferenciante de Grinfield sobre la Septuaginta en la Universidad de Oxford, tuvo razón al concluir que «la cosa más diferente a Cristo fueron sus tiempos»[8]. La realidad de la persona era del todo distinta a las elevadas expectativas de la época.

En el Nuevo Testamento podemos ver con facilidad la actitud de los apóstoles hacia

¿QUÉ PIENSAS TÚ?

¿Alguna de tus ideas de quién es Jesús se ha hecho trizas? ¿Se confirmó? ¿Por qué crees que los discípulos tenían tantas dificultades para saber con exactitud quién era Él?

Cristo. Todo acerca de Él reunía sus expectativas de un Mesías reinante. Después que Jesús les dijo que tenía que ir a Jerusalén y sufrir, Jacobo y Juan pasaron por alto la sombría predicción y le pidieron que les prometiera que en su reino pudieran sentarse a su mano derecha y a su izquierda (lee Marcos 10:32-38). ¿En qué tipo de Mesías estaban pensando: en un sufriente y crucificado Mesías? No. Veían a Jesús como un gobernante político. Él les indicó que habían malinterpretado lo que tenía que hacer; no sabían lo que le pedían. Cuando predijo de manera explícita su sufrimiento y su crucifixión, la idea era tan ajena para la mentalidad de los apóstoles que no podían adivinar lo que significaba (lee Lucas 18:31-34). Debido a sus antecedentes y su preparación en la expectación general mesiánica de los judíos, pensaban que estaban en algo bueno. Entonces llegó el Calvario. Todas las esperanzas de que Jesús fuera su Mesías murieron en la cruz. Regresaron a sus hogares, desalentados por todos esos años desperdiciados con Jesús.

George Eldon Ladd, ex profesor de Nuevo Testamento en el Seminario Teológico Fuller, escribe:

> Esta es también la razón por la que sus discípulos lo abandonaron cuando lo arrestaron. Sus mentes estaban tan imbuidas por completo con la idea de un Mesías conquistador cuya función fuera la de someter a sus enemigos

que cuando lo vieron quebrantado y sangrante por los azotes, un indefenso prisionero en manos de Pilato, y cuando vieron que se lo llevaban y lo clavaban en una cruz para morir como un delincuente común, se destrozaron todas sus esperanzas mesiánicas por Jesús. Es un acertado hecho psicológico el que solo escuchamos lo que estamos dispuestos a escuchar. Las predicciones de Jesús acerca de su sufrimiento y su muerte cayeron en oídos sordos. Los discípulos, a pesar de sus advertencias, no estaban preparados para esto[9].

Sin embargo, unas semanas después de la crucifixión, pese a sus antiguas dudas, los discípulos fueron a Jerusalén, proclamando a Jesús como Salvador y Señor, el Mesías de los judíos. La única explicación razonable que puedo ver para este cambio es lo que leo en 1 Corintios 15:5: «Primero se le apareció a Pedro, y después a los doce apóstoles» (TLA). ¿Qué otra cosa podría haber causado que los desanimados discípulos salieran, sufrieran y murieran por

> *Su patriotismo nacional los condujo a ir en busca de un Mesías para su nación. Lo que vino en su lugar fue un Mesías para el mundo. Un Mesías que no salvaría solo a una nación de la opresión política, sino a toda la humanidad de las consecuencias eternas del pecado.*

un Mesías crucificado? Jesús «se les presentó en persona, dándoles así claras pruebas de que estaba vivo. Durante cuarenta días se dejó ver de ellos y les estuvo hablando del reino de Dios» (Hechos 1:3, DHH).

Estos hombres aprendieron la verdad acerca de la identidad de Jesús como el Mesías. Los judíos no habían entendido. Su patriotismo nacional los condujo a ir en busca de un Mesías para su nación. Lo que vino en su lugar fue un Mesías para el mundo. Un Mesías que no salvaría solo a una nación de la opresión política, sino a toda la humanidad de las consecuencias eternas del pecado. La visión de los apóstoles era demasiado pequeña. De repente, vieron la verdad mayor.

Sí, muchas personas han muerto por una buena causa, pero la buena causa de los apóstoles murió en la cruz. Al menos, eso fue lo que pensaron al principio. Solo su contacto con Cristo después de la Resurrección convenció a esos hombres que Él era en realidad el Mesías. Para esto no solo testificaron con sus labios y vidas, sino también con sus muertes.

¿QUÉ PIENSAS TÚ?

¿Alguna vez tus expectativas han cambiado de manera radical? ¿Cómo crees que se sintieron los discípulos en el momento que se dieron cuenta que Jesús era el Mesías resucitado?

CAPÍTULO NUEVE

¿Te enteraste de lo que le ocurrió a Saulo?

JACK, UN AMIGO MÍO CRISTIANO QUE HA HABLADO EN MUCHAS UNIVERSIDADES, llegó una mañana a un campus para descubrir que los estudiantes habían hecho los arreglos para que tuviera una discusión pública esa noche con la «universidad atea». Su oponente era un elocuente profesor de filosofía que estaba muy opuesto al cristianismo. Jack fue el primero en hablar. Se refirió a varias pruebas de la resurrección de Jesús, así como a la conversión del apóstol Pablo, y después dio su testimonio personal acerca de cómo Cristo cambió su vida cuando era un estudiante universitario.

Cuando el profesor de filosofía se paró a hablar, estaba bastante nervioso. No podía refutar la evidencia para la Resurrección ni el testimonio personal de Jack, así que atacó la radical conversión de Pablo al cristianismo. Usó el argumento de que «las personas a menudo pueden llegar a estar tan involucradas de manera filosófica en lo que combaten que terminan aceptándolo».

Mi amigo sonrió con amabilidad y respondió: «Es mejor que tenga cuidado, señor, o es probable que se haga cristiano».

La historia del apóstol Pablo es uno de los testimonios de mayor influencia para el cristianismo. Saulo de Tarso, quizá el más rabioso adversario del cristianismo primitivo, se convirtió en el apóstol Pablo, el más dinámico e influyente portavoz para el nuevo movimiento. Pablo era un hebreo fanático, un líder religioso. Su nacimiento en Tarso le puso en contacto con el aprendizaje más avanzado de su época. Tarso era una ciudad universitaria conocida por sus filósofos estoicos y su cultura. Estrabón, el geógrafo griego, alabó a Tarso por su ávido interés en la educación y la filosofía[1].

> **¿QUÉ PIENSAS TÚ?**
>
> El apóstol Pablo cambió por completo sus creencias acerca de Jesús después de experimentar un encuentro con Él que le transformaría la vida. ¿Alguna vez has visto esa clase de transformación en alguien? ¿Alguna vez la has experimentado tú?

Pablo, al igual que su padre, poseía la ciudadanía romana, un alto privilegio. Pablo parecía ser bien versado en la cultura y el pensamiento helenísticos. Tenía un gran dominio del idioma griego y mostraba excelente habilidad dialéctica. A menudo mencionaba a los poetas y filósofos menos conocidos. En uno de sus sermones, Pablo cita y hace referencia a Epiménides, Arato y Cleantes: «"Puesto que en él vivimos, nos movemos y existimos". Como algunos de sus propios poetas griegos han dicho: "De él somos descendientes"» (Hechos 17:28). En una carta, Pablo cita a Menandro: «No se dejen engañar: "Las malas compañías corrompen las buenas costumbres"» (1 Corintios 15:33). En una carta posterior a Tito, Pablo cita de nuevo a Epiménides: «Fue precisamente uno de sus propios profetas el que dijo: "Los cretenses son siempre mentirosos, malas bestias, glotones perezosos"» (Tito 1:12).

La educación de Pablo fue judía y se llevó a cabo bajo las estrictas doctrinas de los fariseos. Cuando Pablo tenía unos catorce años de edad, lo enviaron a estudiar bajo la tutela de Gamaliel, el nieto de Hillel y uno de los eminentes rabinos de la época. Pablo aseguró que no solo era un fariseo, sino también el hijo de fariseos (lee Hechos 23:6, rv-60). Se podía jactar: «En la práctica del judaísmo, yo aventajaba a muchos de mis contemporáneos en mi celo exagerado por las tradiciones de mis antepasados» (Gálatas 1:14).

A fin de comprender la conversión de Pablo, es necesario ver por qué era un anticristiano de manera tan vehemente. Fue su devoción a la ley judía lo que provocó su inflexible oposición a Cristo y a la iglesia primitiva. La «ofensa de Pablo con el mensaje cristiano no se debía», como escribe el teólogo francés Jacques Dupont,

> a la afirmación de la posición de Mesías de Jesús, [sino] [...] a que le atribuían a Jesús un papel de salvador que le robaba a la ley todo su valor en el propósito de la salvación [...] [Pablo era] violentamente hostil a la fe cristiana debido a la importancia que le atribuía a la ley como un camino de la salvación[2].

> *Los miembros de la nueva secta del judaísmo se autodenominaban cristianos y atacaban la esencia de la preparación judía y los estudios rabínicos de Pablo. Se convirtió en un apasionado en cuanto al exterminio de esta secta.*

La *Enciclopedia Británica* declara que los miembros de la nueva secta del judaísmo se autodenominaban cristianos y atacaban la esencia de la preparación judía y los estudios rabínicos de Pablo[3]. Se convirtió en un apasionado en cuanto al exterminio de esta secta (lee Gálatas 1:13). Por lo tanto, Pablo comenzó su persecución hasta la muerte de todos los cristianos (lee Hechos 26:9-11). Su determinación empezó a destruir la iglesia (lee Hechos 8:3). Partió para Damasco con los documentos que le autorizaban a capturar a los seguidores de Jesús y traerlos de regreso a enfrentar el proceso judicial.

Entonces, algo le pasó a Pablo.

Saulo [antiguo nombre de Pablo], respirando aún amenazas y muerte contra los discípulos del Señor, vino al sumo sacerdote, y le pidió cartas para las sinagogas de Damasco, a fin de que si hallase algunos hombres o mujeres de este Camino, los trajese presos a Jerusalén. Mas yendo por el camino, aconteció que al llegar cerca de Damasco, repentinamente le rodeó un resplandor de luz del cielo; y cayendo en tierra, oyó una voz que le decía: Saulo, Saulo, ¿por qué me persigues? Él dijo: ¿Quién eres, Señor? Y le dijo: Yo soy Jesús, a quien tú persigues; dura cosa te es dar coces contra el aguijón. Él, temblando y temeroso, dijo: Señor, ¿qué quieres que yo haga? Y el Señor le dijo: Levántate y entra en la ciudad, y se te dirá lo que debes hacer. Y los hombres que iban con Saulo se pararon atónitos, oyendo a la verdad la voz, mas sin ver a nadie. Entonces Saulo se levantó de tierra, y abriendo los ojos, no veía a nadie; así que, llevándole por la mano, le metieron en Damasco, donde estuvo tres días sin ver, y no comió ni bebió.

Había entonces en Damasco un discípulo llamado Ananías, a quien el Señor dijo en visión: Ananías. Y él respondió: Heme aquí, Señor. Y el Señor le dijo: Levántate, y ve a la calle que se llama Derecha, y busca en casa de Judas a uno llamado Saulo, de Tarso; porque he aquí, él ora, y ha visto en visión a un varón llamado Ananías, que entra y le pone las manos encima para que recobre la vista.

Hechos 9:1-12, RV-60

A medida que seguimos leyendo, podemos ver por qué los cristianos le temían a Pablo.

¿QUÉ PIENSAS TÚ?
¿Por qué crees que la conversación de Pablo tuvo que ser tan sensacional?
¿Cómo el plan de Dios para la vida de Pablo difiere del plan de Pablo para su vida?

Entonces Ananías respondió: Señor, he oído de muchos acerca de este hombre, cuántos males ha hecho a tus santos en Jerusalén; y aun aquí tiene autoridad de los principales sacerdotes para prender a todos los que invocan tu nombre. El Señor le dijo: Ve, porque instrumento escogido me es este,

para llevar mi nombre en presencia de los gentiles, y de reyes, y de los hijos de Israel; porque
yo le mostraré cuánto le es necesario padecer
por mi nombre. Fue entonces Ananías y entró
en la casa, y poniendo sobre él las manos, dijo:
Hermano Saulo, el Señor Jesús, que se te apareció en el camino por donde venías, me ha
enviado para que recibas la vista y seas lleno
del Espíritu Santo. Y al momento le cayeron
de los ojos como escamas, y recibió al instante
la vista; y levantándose, fue bautizado. Y habiendo tomado alimento, recobró fuerzas.

Hechos 9:13-19, rv-60

Como resultado de esta experiencia, Pablo se consideró un testigo del Cristo resucitado. Más tarde escribió: «Por último, como a uno nacido fuera de tiempo,
se me apareció también a mí» (1 Corintios 15:8).

Pablo no solo vio a Jesús, sino que lo vio de una
manera irresistible. La proclamación del evangelio no
era una opción, sino una necesidad. «Cuando predico
el evangelio, no tengo de qué enorgullecerme, ya
que estoy bajo la obligación de hacerlo» (1 Corintios
9:16).

Nota que el encuentro de Pablo con Jesús y su
posterior conversión fueron repentinos e inesperados:
«una intensa luz del cielo relampagueó de repente a mi
alrededor» (Hechos 22:6). No tenía idea de quién sería

esta persona celestial. Cuando la voz le anunció que Él era Jesús de Nazaret, Pablo se quedó atónito y empezó a temblar.

Quizá no sepamos todos los detalles ni los aspectos psicológicos de lo que le pasó a Pablo en el camino a Damasco, pero sabemos esto: La experiencia le dio un cambio total a cada esfera de su vida.

En primer lugar, el carácter de Pablo se transformó de manera radical. La *Enciclopedia Británica* lo describe antes de su conversión como un intolerante, amargado, perseguidor, fanático religioso, orgulloso y temperamental. Después de su conversión lo muestra como paciente, amable, sufrido y abnegado[4]. Kenneth Scott Latourette dice: «Sin embargo, lo que integró la vida de Pablo y elevó este casi neurótico temperamento de la oscuridad a una influencia duradera fue una profunda y revolucionaria experiencia religiosa»[5].

> Quizá no sepamos todos los detalles ni los aspectos psicológicos de lo que le pasó a Pablo en el camino a Damasco, pero sabemos esto: La experiencia le dio un cambio total a cada esfera de su vida.

En segundo lugar, se transformó la relación de Pablo con los seguidores de Jesús. Dejaron de temerle. Pablo «pasó varios días con los discípulos que estaban en Damasco» (Hechos 9:19). Y cuando se fue a reunir con los otros apóstoles, estos lo aceptaron (Hechos 9:27-28).

En tercer lugar, se transformó el mensaje de Pablo. Aunque todavía amaba su herencia judía, había pasado de ser un acérrimo opositor a un resuelto protagonista de la fe cristiana: «Y en seguida se dedicó a predicar en las sinagogas, afirmando que Jesús es el Hijo de Dios» (Hechos 9:20). Cambiaron sus convicciones intelectuales. Su experiencia lo obligaba a reconocer que Jesús era el Mesías, en franco conflicto con las ideas mesiánicas de los fariseos. Su nueva perspectiva de Cristo significaba una total revolución en su pensamiento[6]. Jacques Dupont de manera aguda observa que después que Pablo «había negado con pasión que un crucificado podía ser el Mesías, llegó a reconocer que Jesús era en realidad el Mesías y, como consecuencia, reconsideró todas sus ideas mesiánicas»[7].

> En lugar de ver la muerte de Cristo como una derrota, la vio como una gran victoria, completada por la Resurrección. La cruz ya no era una piedra de tropiezo, sino la esencia de la redención mesiánica de Dios.

Además, ahora Pablo podía comprender que la muerte de Cristo en la cruz, que parecía ser una maldición de Dios y un deplorable final para una vida, era en realidad la reconciliación de Dios con el mundo por medio de Cristo. Pablo llegó a entender que a través de la crucifixión, Cristo llevó la maldición del pecado sobre sí mismo por nosotros (lee Gálatas 3:13) y que «Dios tomó a Cristo, que no tenía pecado, y arrojó sobre Él nuestros pecados. ¡Y luego, para colmo de maravilla, nos declaró justos; nos justificó!» (2 Corintios 5:21, LBD). En lugar de ver la muerte de Cristo como una derrota, la vio como una gran victoria, completada por la Resurrección. La cruz ya no era una piedra de tropiezo, sino la esencia de la redención mesiánica de Dios. La predicación misionera de Pablo se puede resumir de la siguiente manera: «les explicaba y demostraba que era necesario que el Mesías padeciera y resucitara. Les decía: "Este Jesús que les anuncio es el Mesías"» (Hechos 17:3).

En cuarto lugar, se transformó la misión de Pablo. Pasó de ser un enemigo de los gentiles a ser un misionero para los gentiles. Cambió de judío fanático a evangelista para los no judíos. Como judío y fariseo, Pablo menospreciaba a los despreciados gentiles como inferiores al pueblo escogido de Dios. La experiencia en Damasco lo transformó en un fervoroso apóstol con su misión de la vida encaminada a darles ayuda a los gentiles. Pablo veía que el Cristo que se le apareció era en realidad el Salvador para todo el pueblo. Pablo pasó de ser un fariseo ortodoxo cuya misión era preservar el judaísmo estricto a ser un propagador de la nueva y radical secta llamada cristianismo, a la que se había opuesto con tanta violencia. El cambio en él fue tan profundo que «todos los que le oían se quedaban asombrados, y preguntaban: "¿No es este el que en Jerusalén perseguía a muerte a los que invocan ese nombre? ¿Y no ha venido aquí para llevárselos presos y entregarlos a los jefes de los sacerdotes?" Pero Saulo cobraba cada vez más fuerza y confundía a los judíos que vivían en Damasco, demostrándoles que Jesús es el Mesías» (Hechos 9:21-22).

El historiador Philip Schaff declara:

La conversión de Pablo no solo marca un momento decisivo en su historia personal, sino también una importante época en la historia de la iglesia apostólica y, por consiguiente, en la historia de la humanidad. Fue el más fructífero acontecimiento desde el milagro de Pentecostés, y aseguró la victoria universal del cristianismo[8].

Un día, durante el almuerzo en la Universidad de Houston, me senté junto a un estudiante. Mientras discutíamos del cristianismo, me declaró que no había evidencia histórica para el cristianismo ni para Cristo. Le pregunté por qué pensaba eso. Estaba haciendo su licenciatura en historia y entre sus libros de texto estaba uno de historia romana que contenía un capítulo que se ocupaba del apóstol Pablo y del cristianismo. El estudiante había leído el capítulo y encontró que comenzaba con la descripción de la vida de Saulo de Tarso y terminaba describiendo la vida del apóstol Pablo. El libro declaraba que no estaba claro lo que ocasionó el cambio. Me dirigí al libro de Hechos y le expliqué la aparición de Cristo, posterior a su resurrección, a Pablo. El estudiante vio de inmediato que esta era la explicación más lógica para la conversión radical de Pablo. Esta pequeña evidencia faltante hizo que las piezas cayeran en su lugar para este joven. Más tarde se convirtió en cristiano.

Elías Andrews, ex director de *Queens Theological College*, comenta:

> Muchos han encontrado en la radical transformación de este «fariseo de fariseos» la más convincente evidencia de la verdad y el poder de la religión a la que se convirtió, así como también el supremo valor y lugar de la Persona de Cristo[9].

¿QUÉ PIENSAS TÚ?

En su época, Pablo tenía el estatus de celebridad, la gente sabía quién era. Hoy en día, cuando una celebridad se convierte en cristiano, ¿cuál es la primera reacción de la mayoría de la gente? ¿Deben los cristianos prominentes considerarse en un nivel diferente?

Archibald McBride, quien fuera profesor en la Universidad de Aberdeen, escribe de Pablo: «Al lado de sus logros [...] las hazañas de Alejandro y Napoleón son insignificantes»[10]. Clemente de Alejandría, erudito cristiano de la antigüedad, dice que Pablo «soportó las cadenas siete veces; predicó el evangelio en el este y el oeste; llegó a los confines del oeste; y murió como mártir bajo los gobernantes»[11].

Pablo declaró una y otra vez que la vida del Jesús resucitado había transformado su vida. Estaba tan convencido de la resurrección de Cristo de los muertos que él, también, murió como mártir por sus creencias.

Dos amigos educados en Oxford, el autor Gilbert West y el estadista Lord George Lyttleton, estaban decididos a destruir la base de la fe cristiana. West iba a demostrar la falacia de la Resurrección, y Lyttleton iba a probar que Saulo de Tarso nunca se convirtió al cristianismo. Ambos hombres llegaron a un giro total en sus posiciones y se convirtieron en fervientes seguidores de Jesús. Lord Lyttleton escribe: «La conversión y el apostolado de San Pablo por sí solos, considerados como es debido, fueron en sí una demostración suficiente que confirma que el cristianismo es una revelación divina»[12]. Llega a la conclusión de que si los veinticinco años de sufrimiento y servicio por Cristo de Pablo fueron una realidad, su conversión era cierta, pues todo lo que hizo comenzó con ese cambio repentino. Y si la conversión de Pablo fue cierta, Jesucristo se levantó de los muertos, pues todo lo que Pablo fue e hizo se lo atribuyó a que presenció al Cristo resucitado.

CAPÍTULO DIEZ

¿Se puede doblegar a un hombre bueno?

U N ESTUDIANTE EN LA UNIVERSIDAD DE URUGUAY ME PREGUNTÓ: «Profesor McDowell, ¿por qué usted no pudo encontrar alguna manera de refutar el cristianismo?».

Le respondí: «Por un motivo muy sencillo. No logré dar razones convincentes al hecho de que la resurrección de Jesucristo fue un acontecimiento real en la historia».

Después de pasar más de setecientas horas estudiando este tema e investigando de manera exhaustiva su fundamento, llegué a la conclusión de que la resurrección de Jesucristo o bien es uno de los más malvados, crueles y despiadados engaños jamás impuestos a la humanidad o es el hecho más importante en la historia.

La Resurrección saca del campo filosófico la pregunta «¿Es válido el cristianismo?» y la coloca en la historia: ¿Tiene el cristianismo una sólida base histórica? ¿Es suficiente la evidencia disponible para justificar la creencia en la Resurrección?

> La resurrección de Jesucristo o bien es uno de los más malvados, crueles y despiadados engaños jamás impuestos a la humanidad o es el hecho más importante en la historia.

He aquí algunos de los asuntos y las declaraciones relevantes a la pregunta: A Jesús de Nazaret, un profeta judío que afirmaba ser el Cristo profetizado en las Escrituras judías, lo arrestaron, lo juzgaron por ser un criminal político y lo crucificaron. Tres días después de su muerte y sepultura, unas mujeres fueron a su tumba y descubrieron que no estaba el cuerpo. Los discípulos de Cristo declararon que Dios lo había resucitado de los muertos y que Él se les apareció muchas veces antes de ascender al cielo.

A partir de esta base, el cristianismo se esparció por todo el Imperio Romano y ha continuado ejerciendo gran influencia en el mundo entero a través de todos los siglos.

La gran pregunta es: ¿Sucedió en realidad la Resurrección?

La muerte y sepultura de Jesús

Después que a Jesús lo condenaron a muerte, le despojaron de sus ropas y lo azotaron, según la costumbre romana, antes de la crucifixión.

Alexander Metherell, quien posee un título de médico de la Universidad de Miami y un doctorado en ingeniería de la Universidad de Bristol en Inglaterra, realiza un detallado examen de la flagelación de Cristo a manos de los romanos. Explica el proceso:

> El soldado usaba un látigo con tiras de cuero trenzado con bolas de metal entretejidas. Cuando el látigo golpeaba la carne, esas bolas provocaban moretones o contusiones, las cuales se abrían con los demás golpes. Y el látigo también tenía pedazos de hueso afilados, los cuales cortaban la carne severamente.
>
> La espalda quedaba tan desgarrada que la espina dorsal a veces quedaba expuesta debido a los cortes tan profundos. Los latigazos iban desde los hombros pasando por la espalda, las nalgas, y las piernas. Era terrible [...]
>
> Un médico que estudió las golpizas romanas observó: «Mientras continuaba la flagelación, las laceraciones rasgaban hasta los músculos y producían jirones temblorosos de carne sangrante». Un historiador del siglo III llamado Eusebio describió una flagelación

de la siguiente manera: «Las venas de la víctima quedaban al descubierto y los mismos músculos, tendones y las entrañas quedaban abiertos y expuestos».

Sabemos que muchas personas morían a causa de este tipo de castigo incluso antes de que pudieran ser crucificadas. Por lo menos, la víctima podía experimentar un dolor tremendo y entrar en conmoción hipovolémica[1].

Dada la brutalidad de los azotes, así como su crucifixión posterior, es históricamente cierto que Jesús estaba muerto. Aun los miembros del radical *Jesus Seminar*, que era popular en la década de 1990, aceptó la muerte de Jesús. De ahí que John Dominic Crossan dijera que la muerte de Jesús por crucifixión «es tan segura como nunca lo puede ser algo histórico»[2].

De acuerdo con las costumbres judías de dar sepultura, al cuerpo de Jesús lo envolvieron en un lienzo. Unos treinta y cuatro kilos de especias aromáticas, mezcladas para crear una sustancia gomosa, se le aplicaron a las vendas que rodeaban

> **¿QUÉ PIENSAS TÚ?**
> ¿Alguna vez has visto películas acerca de la vida de Jesús que incluyeron su muerte y resurrección, tales como La Pasión de Cristo? ¿Qué pasó por tu mente cuando viste la tortura y la crucifixión de Cristo? ¿Crees que Él merecía lo que le pasó?

el cuerpo (lee Juan 19:39-40). Después que se colocó el cuerpo en una sepultura de roca sólida, una piedra muy grande, que pesaba alrededor de unos dos mil kilos, se rodó por medio de palancas hacia la entrada (lee Mateo 27:60).

Una guardia romana compuesta por hombres de estricta disciplina se apostó a fin de vigilar la tumba. El temor al castigo entre estos hombres «producía perfecta atención al deber, sobre todo en las vigilias de la noche»[3]. Esta guardia fijaba en el sepulcro el sello romano, un sello de autoridad y poder romano[4]. El sello tenía la intención de evitar el vandalismo. Cualquiera que tratara de mover la piedra de la entrada del sepulcro, tendría que romper el sello y de ese modo traería sobre sí la ira de la ley romana.

Sin embargo, a pesar de la guardia y el sello, el sepulcro estaba vacío.

El sepulcro vacío

Los seguidores de Jesús afirmaron que Él resucitó de los muertos. Informaron que se les apareció en un período de cuarenta días, mostrándoseles mediante muchas pruebas convincentes (algunas versiones de la Biblia dicen «pruebas indubitables»; lee, por ejemplo, Hechos 1:3, RV-60). El apóstol Pablo dijo que Jesús se le apareció a más de quinientos de sus seguidores a la vez, la mayoría de los cuales todavía vivía y podía confirmar lo que escribió (lee 1 Corintios 15:3-8).

Arthur Michael Ramsey, ex arzobispo de Canterbury, escribe: «Creo en la Resurrección, en parte debido a que una serie de hechos son inexplicables sin ella»[5]. El sepulcro vacío fue «demasiado notorio para que se negara»[6]. El teólogo alemán Paul Althaus afirma que la declaración de la Resurrección «no se podía haber mantenido en Jerusalén por un solo día, por una sola hora, si el sepulcro vacío no se hubiera establecido como un hecho que les concernía a todos»[7].

Paul L. Maier concluye:

> Si toda la evidencia se evalúa con cuidado y de manera imparcial, de seguro que es justificable, de acuerdo con los cánones de investigación histórica, a fin de concluir que [el sepulcro de Jesús] estaba vacío en realidad [...] Y ni una pizca de evidencia se ha descubierto aún en fuentes literarias, epigráficas, ni arqueológicas que refute esta declaración[8].

¿Cómo podemos explicar el sepulcro vacío?

Basados en la abrumadora evidencia histórica, los cristianos creen que Jesús resucitó de manera corporal en el tiempo y el espacio adecuados mediante el poder sobrenatural de Dios. Las dificultades para creer quizá sean grandes, pero los problemas inherentes para no creer son incluso mayores.

La situación en el sepulcro después de la Resurrección es importante. El sello romano estaba roto, lo cual significaba la automática crucifixión de cabeza para quienquiera que lo rompiera. La maciza piedra no solo la movieron de la entrada, sino del sepulcro entero, dando la impresión de que la levantaron y la retiraron[9]. La unidad de guardia huyó. El emperador de la Roma bizantina Justiniano, en su *Digesto* 49:16 enumera dieciocho ofensas por las que podrían ejecutar a una unidad de la guardia romana. Estas incluían quedarse dormido o abandonar una posición indefensa.

> **¿QUÉ PIENSAS TÚ?**
> ¿Alguna vez has sido parte de un grupo y algo sucedió que los involucró a todos ustedes? ¿Fueron sus historias idénticas? ¿Qué tan difícil es conseguir que todo el mundo cuente la misma historia?

Las mujeres vinieron y encontraron el sepulcro vacío. Se asustaron y regresaron para decírselo a los hombres. Pedro y Juan corrieron al sepulcro. Juan llegó primero, pero no entró. Miró hacia dentro y vio la mortaja, un poco abierta, pero vacía. El cuerpo de Cristo pasó justo delante de ellos a una nueva existencia. Reconozcámoslo; una visión como esa haría de cualquiera un creyente.

Teorías alternativas de la Resurrección

Muchas personas han desarrollado teorías alternativas a fin de explicar la Resurrección, pero las teorías son tan artificiales e ilógicas cuando se comparan con las afirmaciones del cristianismo que su misma debilidad en realidad ayuda a que aumente la confianza en la verdad de la Resurrección.

> *Basados en la evidencia histórica, los cristianos creen que Jesús resucitó de manera corporal en el tiempo y el espacio adecuados mediante el poder sobrenatural de Dios. Las dificultades para creer quizá sean grandes, pero los problemas inherentes para no creer son incluso mayores.*

La teoría de la tumba equivocada

Una teoría propugnada por el erudito bíblico británico Kirsopp Lake da por sentado que las mujeres que informaron la desaparición del cuerpo fueron por error a la tumba equivocada esa mañana. Si es así, los discípulos que acudieron a verificar la historia de las mujeres deben haber ido también a la tumba equivocada. No puede ser cierto, sin embargo, que las autoridades judías, que pidieron que la guardia romana se apostara en la tumba a fin de impedir el robo del cuerpo, se hubieran equivocado en cuanto a la ubicación. Los guardias romanos no se habrían equivocado tampoco, pues estaban allí. Si estaba involucrada una tumba equivocada, las autoridades judías no habrían perdido el tiempo para presentar el cuerpo de la tumba apropiada, de ese modo aplacarían para siempre y de manera eficaz cualquier rumor de una resurrección.

La teoría de la alucinación

Otro intento de explicación afirma que las apariciones de Jesús después de la Resurrección fueron ilusiones o alucinaciones. Esta teoría va en contra de los principios psicológicos que rigen la frecuencia de las alucinaciones. No es creíble pensar que quinientas personas pudieran haber visto la misma alucinación durante cuarenta días. Además, la teoría de la alucinación no coincide con la situación histórica ni con el estado mental de los apóstoles.

Por lo tanto, ¿dónde estaba el verdadero cuerpo de Jesús y por qué los que se le oponían no lo presentaron?

La teoría del desmayo

El racionalista alemán del siglo diecinueve, Karl Venturini, popularizó hace varios siglos la teoría del desmayo, y a menudo se sugiere incluso hoy en día. Esta afirma que Jesús no murió en realidad; solo se desmayó por agotamiento y pérdida de sangre. Todo el mundo pensaba que estaba muerto, pero más tarde revivió y los discípulos creyeron que era una resurrección.

El teólogo alemán David Friedrich Strauss, quien no creía en la Resurrección, asestó un golpe mortal a cualquier pensamiento de que Jesús podía haber revivido de un desmayo:

Es imposible que un ser que robaron medio muerto del sepulcro, que se arrastraba débil y enfermo, deseando tratamiento médico, que requería vendajes, fortalecimiento e indulgencia, y que a pesar de eso cediera por fin a sus sufrimientos, podría haberles dado a los discípulos la impresión de ser un Vencedor sobre la muerte y la tumba, el Autor de la Vida, una impresión que constituiría el fundamento de su futuro ministerio. Tal reanimación solo podría haberles debilitado la impresión que Él les dio acerca de la vida y la muerte, en el mejor de los casos, solo les podría haber dado una voz elegíaca, pero no podía darles la posibilidad de haberles cambiado su tristeza en entusiasmo, ni elevado su reverencia en adoración[10].

La teoría del cuerpo robado

Otra teoría sostiene que los discípulos robaron el cuerpo de Jesús mientras dormían los guardias. La depresión y la cobardía de los discípulos asestan un duro golpe al argumento en su contra. ¿Nos podemos imaginar que de repente se hicieron tan valientes y audaces como para enfrentar un destacamento de selectos soldados en la tumba y robar el cuerpo? No tenían el estado de ánimo para intentar algo semejante.

Comentando sobre la proposición de que los discípulos robaron el cuerpo de Cristo, J.N.D. Anderson dice:

> Esto sería contrario por completo a todo lo que sabemos de ellos: su enseñanza ética, la calidad de sus vidas, su determinación en el sufrimiento y la persecución. Tampoco parece comenzar a explicar su espectacular transformación de desanimados y desalentados escapistas, en testigos que ninguna oposición podría amordazarlos[11].

La teoría del cambio de sitio del cuerpo

Otra teoría dice que las autoridades romanas o judías cambiaron el cuerpo de Cristo a otra tumba. Esta explicación no es más razonable que la teoría del cuerpo robado. Si las autoridades tenían en su posesión el cuerpo o sabían dónde estaba,

> *Si las autoridades se llevaron el cuerpo, ¿por qué no explicaron con exactitud dónde lo pusieron? ¿Por qué no recuperaron el cadáver, lo mostraron en un carro y lo sacaron rodando por el centro de Jerusalén? Tal acción habría destruido por completo al cristianismo.*

¿por qué no explicaron que se lo llevaron y de esa manera ponerle un eficaz punto final a la predicación de la Resurrección en Jerusalén? Si las autoridades se llevaron el cuerpo, ¿por qué no explicaron con exactitud dónde lo pusieron? ¿Por qué no recuperaron el cadáver, lo mostraron en un carro y lo sacaron rodando por el centro de Jerusalén? Tal acción habría destruido por completo al cristianismo.

John Warwick Montgomery comenta:

> Se pasa de los límites de la credibilidad que los primeros cristianos pudieran haber fabricado un cuento y luego predicarlo entre los que les sería fácil refutarlo solo con presentar el cuerpo de Jesús[12].

La teoría del traslado del cuerpo

En *The Empty Tomb*, Jeffrey Jay Lowder describe una hipótesis interesante, a saber, que el cuerpo de Jesús lo mantuvieron de manera provisional en la tumba de José de Arimatea el viernes por la noche antes de que lo trasladaran a la tumba de un criminal[13]. La tumba vacía de Jesús no se debía a que Él resucitara, sino a que solo trasladaron su cuerpo. Así, los discípulos creyeron por error que había resucitado. Esta hipótesis ha ganado un considerable número de seguidores en la Internet.

La «hipótesis del traslado» gana apoyo en el hecho de que enterrar de nuevo era común en la antigua Palestina. Sin embargo, es importante señalar que los procedimientos del nuevo entierro de los judíos variaban de manera significativa de la teoría propuesta aquí. La tradición judía era enterrar un cuerpo durante un año y después que la carne se deteriorara y solo quedaran los huesos, podían retirar los huesos y colocarlos en un osario.

El problema para el traslado del cuerpo de Jesús es la total falta de apoyo histórico, ya sea de fuentes bíblicas como no bíblicas. Ninguno de los relatos de los Evangelios del Nuevo Testamento sugiere que el cuerpo de Jesús se enterrara de nuevo. Marcos 16:6, donde el joven en la tumba dice: «¡Ha resucitado! No está aquí», desacredita este punto de vista.

En realidad, la hipótesis del traslado enfrenta un problema más significativo. El Dr. Michael Licona comenta:

> Con mucho, aun si la hipótesis del nuevo entierro fuera cierta, lo único que representa es la tumba vacía. Lo curioso es que la tumba vacía no convenció a ninguno de los discípulos, posiblemente a excepción de Juan, de la resurrección de Jesús. Lo que les convenció fueron las apariciones de Jesús,

y la teoría del nuevo entierro no se puede relacionar con estas[14].

Si solo trasladaron el cuerpo de Jesús, ¿por qué un pariente no revela el cuerpo cuando los discípulos comenzaron a proclamar la resurrección? ¿Por qué una autoridad no presentaría el cuerpo y detendría al cristianismo de una vez por todas? Algunos han sugerido que para este tiempo el cuerpo de Jesús estaría irreconocible, pero dado el clima de Palestina, el cuerpo habría sido reconocible por una considerable cantidad de tiempo[15].

> **¿QUÉ PIENSAS TÚ?**
>
> ¿Se te ocurre alguna otra explicación naturalista posible para la resurrección de Jesús? ¿Alguna otra teoría explica los muchos hechos que rodearon los acontecimientos como la de su resurrección verdadera?

La teoría del imitador

Una de las frases que más a menudo usan muchos críticos de hoy en día es: «En el cristianismo nada es original». A finales del siglo diecinueve y a principios del veinte, varios eruditos creían que las afirmaciones centrales del cristianismo eran un plagio de las religiones greco-romanas de misterio. A Jesús se le consideraba otro dios «muerto y resucitado» en la tradición de Osiris, Mitra, Adonis y Dionisio. Aunque esta teoría ha experimentado un sorprendente resurgimiento en la Internet y en libros populares, enfrenta un rechazo casi universal por parte de los eruditos contemporáneos. He aquí el porqué.

A pesar de que un paralelismo entre Jesús y las religiones de misterios quizá parezca impresionante a primera vista, se desmorona bajo el escrutinio. A Osiris, por ejemplo, muchos lo consideran un dios muerto y resucitado del antiguo Egipto. De acuerdo con el mito, a Osiris lo mató Set y lo resucitó Isis. Sin embargo, en lugar de regresar al mundo en un cuerpo resucitado, Osiris se convirtió en rey del submundo, difícilmente un paralelo a la resurrección histórica de Jesús. Por eso Paul Rhodes Eddy y Greg Boyd, autores de *The Jesus Legend*, llegan a la conclusión de que «las diferencias entre el cristianismo y las religiones de misterio son mucho más profundas que cualquier similitud. Aunque es cierto que hay términos paralelos utilizados en el cristianismo primitivo y las religiones de misterio, hay muy poca evidencia de conceptos paralelos[16].

A diferencia del Jesús histórico, no hay evidencia para la certeza de cualquiera de las historias de supuestos paralelos en las religiones de misterio. Jesús de Nazaret comió, realizó milagros, durmió, murió y volvió a la vida. Estas narraciones las respalda un confiable registro histórico. En cambio, los dioses que mueren y resucitan de las religiones de misterio fueron mitos eternos repetidos cada año con el cambio de las épocas.

El tratado académico más reciente sobre la muerte y la resurrección de los dioses lo escribió T.N.D. Mettinger, profesor en la Universidad de Lund. En *The Riddle of Resurrection*, Mettinger reconoce la existencia de los mitos de la muerte y la resurrección de los dioses en el mundo antiguo, los cuales, admite, es un punto de vista minoritario. Sin embargo, su conclusión cierra la discusión para siempre acerca de la teoría del imitador:

> No existe, por lo que sé, ninguna evidencia a primera vista de que la muerte y la resurrección de Jesús sean un supuesto mitológico, basado en los mitos y los ritos de la muerte y la resurrección de los dioses en el mundo circundante. Aunque estudiado con fines de lucro en el contexto de la creencia judía, la resurrección, la fe en la muerte y la resurrección de Jesús retienen su carácter extraordinario en la historia de las religiones. El enigma se mantiene[17].

Evidencia para la Resurrección

El profesor Thomas Arnold, autor de la famosa obra en tres volúmenes *Historia de Roma* y director de historia moderna en Oxford, estaba bien familiarizado con el valor de la evidencia en la determinación de los hechos históricos. Dijo:

Durante muchos años he tenido la costumbre de estudiar las historias de otros tiempos, y al examinar y sopesar la evidencia de lo que se ha escrito acerca de ellos, no conozco ningún hecho en la historia de la humanidad que esté mejor probado y con mayores evidencias de todo tipo, para la comprensión de un investigador imparcial, que la gran señal que Dios nos ha dado de que Cristo murió y resucitó de entre los muertos[18].

El erudito británico Brooke Foss Westcott, quien fuera profesor de divinidades en la Universidad de Cambridge, dijo:

Tomando toda la evidencia junta, no es exagerado decir que no existe ningún incidente histórico mejor sustentado ni de manera más diversa que la resurrección de Cristo. Solo una suposición previa sobre su falsedad habría podido sugerir la idea de que existen deficiencias en su demostración[19].

El Dr. William Lane Craig concluye que «cuando uno [...] [usa] los cánones comunes de valoración histórica, la mejor explicación para los hechos es que Dios resucitó a Jesús de los muertos»[20].

Simon Greenleaf fue uno de los más extraordinarios juristas que se hayan dado en Estados Unidos. Fue el famoso profesor de Derecho en la Universidad de Harvard y sucedió al magistrado Joseph Story en la misma universidad. Mientras estaba en Harvard, escribió un volumen en el que examina el valor legal del testimonio de los apóstoles acerca de la resurrección de Cristo. Observa que es imposible que los apóstoles «pudieran haber persistido en afirmar las verdades que habían narrado, si Jesús no hubiera resucitado en realidad de los muertos, ni conocieran este hecho con tanta certeza como no conocían ningún otro hecho»[21]. Greenleaf concluye que la resurrección de Cristo es uno de los hechos mejor demostrados en la historia de acuerdo con las leyes de evidencia legal aplicadas en los tribunales de justicia.

> Es imposible que los apóstoles «pudieran haber persistido en afirmar las verdades que habían narrado, si Jesús no hubiera resucitado en realidad de los muertos».

Muchos consideran a Sir Lionel Luckhoo el más exitoso abogado del mundo después de la absolución de doscientas cuarenta y cinco sentencias de muerte. Este brillante abogado analizó con rigor los hechos históricos de la resurrección de Cristo y al final declaró: «Afirmo inequívocamente que la evidencia a favor de la resurrección de Jesucristo es tan abrumadora que obliga a su aceptación median-te prueba que no deja absolutamente ningún lugar a dudas»[22].

Frank Morison, otro abogado británico, empezó a refutar la evidencia para la Resurrección. Pensaba que la vida de Jesús era una de las más bellas vivida jamás, pero cuando llegó a la Resurrección, Morison dio por sentado que alguien se apareció y le agregó un mito a la historia. Planeaba escribir una narración de los últimos días de Jesús, prescindiendo de la Resurrección. El abogado creía que un inteligente y racional enfoque de la historia en ningún modo le prestaría atención a tal acontecimiento. Sin embargo, cuando les aplicó su preparación legal a los hechos, tuvo que cambiar de opinión. En lugar de una refutación de la Resurrección, al final escribió el éxito de librería *¿Quién movió la piedra?* El primer capítulo lo tituló «El libro que se rehusó ser escrito». El resto del libro confirma de manera concluyente la validez de la evidencia para la resurrección de Cristo[23].

George Eldon Ladd concluye: «La única explica-ción racional para esos hechos históricos es que Dios resucitó a Jesús de forma corporal»[24]. En la actualidad, los creyentes en Jesucristo pueden tener la completa seguridad, como la tuvieron los primeros cristianos, que su fe no está basada en mitos ni leyendas, sino en el sólido hecho histórico del Cristo resucitado y el sepulcro vacío.

Gary Habermas, un distinguido profesor y presidente del departamento de filosofía y teología en la *Liberty University*, debatió con Anthony Flew, un destacado erudito y antiguo ateo, sobre el tema «¿Se levantó Cristo de la muerte?». Un juez profesional de debates al que se le pidió que evaluara la discusión, concluyó:

> La evidencia histórica, aunque imperfecta, es lo suficiente fuerte como para conducir a mentes sensatas a sacar en conclusión que Cristo, en efecto, resucitó de entre los muertos [...] Habermas termina proporcionando «evidencias muy probables» en cuanto a la historicidad de la resurrección «sin ninguna evidencia naturalista verosímil en su contra»[25].

Lo más importante de todo es que los creyentes pueden experimentar el poder del Cristo resucitado en sus vidas hoy. En primer lugar, pueden saber que sus pecados son perdonados (lee Lucas 24:46-47; 1 Corintios 15:3). En segundo lugar, pueden estar seguros de la vida eterna y su propia resurrección de la tumba (lee 1 Corintios 15:19-26). En tercer lugar, pueden ser libres de una vida sin sentido y

¿QUÉ PIENSAS TÚ?
¿Es relevante para ti hoy el hecho de que Jesús resucitara de los muertos hace dos mil años? Si es así, ¿cómo y por qué?

vacía y transformarse en nuevas criaturas en Jesucristo (véanse Juan 10:10; 2 Corintios 5:17).

¿Cuál es tu evaluación y tu decisión? ¿Qué crees acerca del sepulcro vacío? Una vez examinada la evidencia desde una perspectiva judicial, Lord Darling, ex presidente del tribunal supremo de Inglaterra, concluye que «existen tan abrumadoras pruebas, positivas y negativas, fácticas y circunstanciales, que ningún tribunal inteligente en el mundo podría dejar de señalar en un veredicto que la historia de la resurrección es cierta»[26].

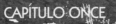

CAPÍTULO ONCE

¿Se podría poner de pie el verdadero Mesías?

DE TODAS LAS CREDENCIALES QUE TENÍA JESÚS A FIN DE APOYAR SUS afirmaciones de ser el Mesías y el Hijo de Dios, a menudo se pasa por alto una de las más profundas: la manera en que su vida cumplió tantas profecías antiguas. En este capítulo nos ocuparemos de este asombroso hecho.

Una y otra vez Jesús recurrió a las profecías del Antiguo Testamento con el propósito de respaldar sus declaraciones. Gálatas 4:4 dice: «Cuando se cumplió el plazo, Dios envió a su Hijo, nacido de una mujer, nacido bajo la ley». Aquí tenemos referencia a las profecías que se han cumplido en Jesucristo. «Entonces, comenzando por Moisés y por todos los profetas, les explicó lo que se refería a él en todas las Escrituras» (Lucas 24:27). Jesús les dijo: «Cuando todavía estaba yo con ustedes, les decía que tenía que cumplirse todo lo que está escrito acerca de mí en la ley de Moisés, en los profetas y en los salmos» (Lucas 24:44). Dijo: «Si le creyeran a Moisés, me creerían a mí, porque de mí escribió él» (Juan 5:46). Dijo: «Abraham, el padre de ustedes, se regocijó al pensar que vería mi día; y lo vio y se alegró» (Juan 8:56).

Los apóstoles y los escritores del Nuevo Testamento también apelaban sin cesar a la profecía cumplida a fin de respaldar las afirmaciones de Jesús como el Hijo de Dios, el Salvador y el Mesías. «Dios cumplió lo que de antemano había anunciado por medio de todos los profetas: que su Mesías tenía que padecer» (Hechos 3:18). «Como era su costumbre, Pablo entró en la sinagoga y tres sábados seguidos discutió con ellos. Basándose en las Escrituras, les explicaba y demostraba que era necesario que el Mesías padeciera y resucitara. Les decía: "Este Jesús que les anuncio es el Mesías"» (Hechos 17:2-3). «Porque ante todo les transmití a ustedes lo que yo mismo recibí: que Cristo murió por nuestros pecados según las

¿QUÉ PIENSAS TÚ?

¿Crees que hay alguna diferencia entre una profecía y una predicción? ¿Alguna vez predijeron algo acerca de ti cuando eras pequeño que se hizo realidad después? ¿Cómo se diferencia de las profecías que cumplió Jesús?

Escrituras, que fue sepultado, que resucitó al tercer día según las Escrituras» (1 Corintios 15:3-4).

El Antiguo Testamento contiene sesenta profecías mesiánicas importantes y unas doscientas setenta ramificaciones que se cumplieron en una persona: Jesucristo. Es útil darle un vistazo a todas esas predicciones cumplidas en Cristo como su «dirección». Te lo explicaré. Es probable que nunca te hayas dado cuenta de la importancia de tu propio nombre y dirección, pero esos detalles te distinguen de los más de seis mil millones de otras personas que también habitan en este planeta.

Una dirección en la historia

Con incluso mayor detalle, Dios escribió una «dirección» en la historia para distinguir a su Hijo, el Mesías, el Salvador de la humanidad, de todo aquel que ha vivido en la historia: pasada, presente o futura. Los datos concretos de esta dirección se pueden encontrar en el Antiguo Testamento, un documento que se escribió en un período de más de mil años y que contiene más de trescientas referencias a la venida de Cristo. Usando la ciencia de las probabilidades, encontramos que la posibilidad de que se cumplan no más de cuarenta y ocho de esas profecías en una persona es de solo 1 en 10^{157}.

La probabilidad de que la dirección de Dios corresponda con un hombre es mucho más complicada debido al hecho de que todas las profecías acerca del Mesías se hicieron en al menos cuatrocientos años antes de que apareciera Él. Algunos quizá sugieran que esas profecías se escribieron después del tiempo de Cristo y que se fabricaron de modo que coincidieran con los acontecimientos en su vida. Esto tal vez parezca posible hasta que uno se da cuenta de que la Septuaginta, la traducción griega del Antiguo Testamento hebreo, se tradujo alrededor de los años 150-200 a. C. Esto significa que existe una brecha de por lo menos doscientos años entre el registro de las profecías y su cumplimiento en Cristo.

Sin duda alguna, Dios escribía una dirección en la historia que solo su Mesías podía satisfacer. Unos cuarenta hombres han afirmado ser el Mesías judío. Sin embargo, solo uno, Jesucristo, apeló al cumplimiento de la profecía para respaldar sus afirmaciones, y solo sus credenciales confirmaron dichas declaraciones.

¿Cuáles son algunas de esas credenciales? ¿Y qué hechos tenían que preceder y coincidir con la aparición del Hijo de Dios?

Para comenzar, debemos volver a Génesis 3:15, donde encontramos la primera profecía mesiánica en la Biblia: «Pondré enemistad entre ti y la mujer, y entre tu simiente y la simiente suya; esta te herirá en la cabeza, y tú le herirás en el calcañar» (RV-60). Esta profecía podía referirse a un único hombre en toda la Escritura. A ningún otro, sino a Jesús, se le puede nombrar como la «simiente» de una mujer. Todos los demás nacidos en la historia proceden de la simiente de un hombre. Otras versiones hacen la misma declaración cuando identifican a este conquistador de Satanás como de la descendencia de una mujer, cuando en todos los demás casos la Biblia considera la descendencia a través de la línea del hombre. Esta descendencia o «simiente» de una mujer entrará en el mundo y destruirá las obras de Satanás (le hiere su cabeza).

En Génesis 9 y 10, Dios acortó aun más la dirección. Noé tenía tres hijos: Sem, Cam y Jafet. Todas las naciones del mundo se pueden remontar a estos tres hombres. Sin embargo, Dios eliminó de manera impresionante las dos terceras partes del género humano de la línea de Jesús especificando que el Mesías vendría a través del linaje de Sem.

Entonces prosiguiendo hasta el año 2000 a. C., encontramos que Dios llamó a un hombre nombrado Abraham de Ur de los caldeos. Con Abraham, Dios llegó a ser más específico, declarando que el Mesías sería uno de sus descendientes. Todas las familias de la tierra serían bendecidas por medio de Abraham (lee Génesis 12:1-3; 17:1-8; 22:15-18). Cuando tuvo dos hijos, Isaac e Ismael, se eliminaron a muchos de los descendientes de Abraham cuando Dios seleccionó al segundo hijo, Isaac, a fin de que fuera el progenitor del Mesías (véanse Génesis 17:19-21; 21:12).

Isaac tuvo dos hijos: Jacob y Esaú. Dios escoge la línea de Jacob (lee Génesis 28:1-4; 35:10-12; Números 24:17). Jacob tuvo doce hijos, de cuyos descendientes se desarrollaron las doce tribus de Israel. Entonces Dios seleccionó a la tribu de Judá para Jesús y eliminó once de las doce tribus israelitas. Además, de todas las líneas familiares dentro de la tribu de Judá, optó por la línea de Isaí (lee Isaías 11:1-5). Podemos ver la reducción de la dirección.

Isaí tenía ocho hijos, y en 2 Samuel 7:12-16 y Jeremías 23:5 Dios eliminó siete de los ocho hijos de la línea familiar de Isaí al escoger a su hijo David. Por lo tanto, desde el punto de vista del linaje, el Mesías debía nacer de la simiente de una mujer, del linaje de Sem, de la raza de los judíos, de la línea de Isaac, de la línea de Jacob, de la tribu de Judá, de la familia de Isaí y de la casa de David.

En Miqueas 5:2, Dios eliminó todas las ciudades del mundo y seleccionó a Belén, con una población de menos de mil personas, como el lugar del nacimiento del Mesías.

Entonces, a través de una serie de profecías, incluso definió el tiempo en el que se apartaría a este hombre.

¿QUÉ PIENSAS TÚ?

¿Alguna vez has explorado tus antepasados? ¿Descubriste alguna información interesante acerca de tu familia? ¿Sabes algo respecto a los antepasados de Jesús? ¿Qué es lo que te parece más interesante de esto?

Por ejemplo, Malaquías 3:1 y otros cuatro versículos del Antiguo Testamento precisan que el Mesías llegaría mientras siguiera en pie el templo de Jerusalén (véanse Salmo 118:26; Daniel 9:26; Zacarías 11:13; Hageo 2:7-9)[1]. Esto es de mucha importancia cuando nos damos cuenta que el templo lo destruyeron en el año 70 d. C. y que no se ha reconstruido aún.

Isaías 7:14 añade que Cristo nacería de una virgen. Un nacimiento natural de una concepción sobrenatural era un criterio que va más allá de la planificación y el control humano. Varias profecías registradas en Isaías y los Salmos describen el ambiente social y la respuesta que encontraría el hombre de Dios: Su propio pueblo, los judíos, lo rechazarían, y los gentiles creerían en Él (lee Salmos 22:7-8; 118:22; Isaías 8:14; 49:6; 50:6; 52:13-15). Tendría un precursor, una voz en el desierto, uno que prepararía el camino ante el Señor, un Juan el Bautista (lee Isaías 40:3-5; Malaquías 3:1).

Nota cómo un pasaje en el Nuevo Testamento (Mateo 27:3-10) hace referencia a ciertas profecías del Antiguo Testamento que determinan aun más la dirección de Cristo. Mateo describe los hechos que dieron lugar a las acciones de Judas después que traicionó a Jesús. Mateo señala que esos hechos se predijeron en pasajes del Antiguo Testamento (lee Salmo 41:9; Zacarías 11:12-13)[2]. En estos pasajes, Dios indica que al Mesías (1) lo traicionaría (2) un

> *El linaje preciso; el lugar, el tiempo y el modo del nacimiento; las reacciones de las personas, la traición; la forma de la muerte: estos son solo un fragmento de los cientos de detalles que integran la «dirección» para identificar al Hijo de Dios, el Mesías, el Salvador del mundo.*

amigo, (3) por treinta monedas de plata, y que el dinero (4) lo arrojaría al suelo del templo. De modo que la dirección llega a ser más específica.

Una profecía que data del año 1012 a. C. también predice que atravesarían las manos y los pies de este hombre y que lo crucificarían (lee Salmo 22:6-18; Zacarías 12:10; Gálatas 3:13). Esta descripción del método de su muerte se escribió ochocientos años antes de que los romanos pusieran en vigor la crucifixión.

El linaje preciso; el lugar, el tiempo y el modo del nacimiento; las reacciones de las personas, la traición; la forma de la muerte: estos son solo un fragmento de los cientos de detalles que integran la «dirección» para identificar al Hijo de Dios, el Mesías, el Salvador del mundo.

¿Fue una coincidencia el cumplimiento de estas profecías?

Un crítico puede afirmar: «¡Vaya!, uno puede encontrar algunas de estas profecías cumplidas en Abraham Lincoln, Anwar al-Sadat, John F. Kennedy, la madre Teresa, Billy Graham».

Sí, supongo que uno tenga la posibilidad de encontrar que una o dos profecías coincidan en otras personas, pero no las sesenta profecías principales y otras doscientas setenta ramificaciones. Es más, durante años, la *Christian Victory Publishing Company* de Denver ofreció mil dólares de recompensa a cualquiera que pudiera encontrar a alguna otra persona aparte de Jesús, ya sea viva o muerta, que pudiera cumplir solo la mitad de las profecías mesiánicas bosquejadas en el libro *Messiah in Both Testaments* de Fred John Meldau. Nadie se los ganó.

¿QUÉ PIENSAS TÚ?
¿Qué probabilidades crees que existan para que una persona cumpla literalmente tantas predicciones antiguas que se dijeron cientos de años antes que naciera la persona? ¿Cómo fue posible en Jesús?

¿Puede una persona cumplir todas las profecías del Antiguo Testamento? En su libro *Science Speaks*, Peter Stoner y Robert Newman realizaron cálculos a fin de analizar esa probabilidad. Escribiendo en el prólogo de ese libro, H. Harold Hartzler, de la Asociación Científica Estadounidense, dice:

El manuscrito de *Science Speaks* lo revisó con sumo cuidado un comité de los miembros de la Asociación Científica Estadounidense y el Consejo Ejecutivo del mismo grupo y descubrieron que, en general, es confiable y preciso en cuanto al material científico presentado. El análisis matemático incluido está basado en los principios de la probabilidad que son convincentes del todo, y el profesor Stoner ha aplicado estos principios de una manera adecuada y convincente[3].

Las siguientes probabilidades demuestran que la coincidencia está descartada. Stoner dice que mediante la aplicación de la ciencia de la probabilidad a las ocho profecías, «encontramos que la posibilidad de que algún hombre pueda haber vivido hasta el presente tiempo y cumplido las ocho profecías es de 1 en 10^{17} [10 a la 17 potencia]»[4]. Esa es una en 100.000.000.000.000.000. A fin de ayudarnos a comprender esta asombrosa probabilidad, Stoner la ilustra al suponer que

tomamos 10^{17} dólares de plata y los diseminamos por la superficie de Tejas. Estos cubrirán todo el estado con sesenta y un centímetros de profundidad. Entonces marcamos uno de esos dólares de plata y revolvemos por completo la masa entera a lo largo y a lo ancho del estado. Le vendamos los ojos a un hombre y le decimos que puede viajar hasta donde desee, pero debe recoger del suelo un dólar de plata y decir que ese es el marcado. ¿Qué posibilidad tendría de conseguir el adecuado? Solo la misma que habrían tenido los profetas de escribir esas ocho profecías y que todas llegaran a ser ciertas en un hombre, desde su época hasta la actualidad, siempre que las escribieran con su propia sabiduría.

Ahora bien, estas profecías fueron dadas ya sea por inspiración de Dios o los profetas únicamente escribieron lo que pensaban que estas debían ser. En tal caso, los profetas solo tendrían una posibilidad en 10^{17} de que fueran ciertas en cualquier hombre, pero todas se hicieron realidad en Cristo.

Esto significa que el solo cumplimiento de esas ocho profecías prueba que Dios inspiró la escritura de las mismas con un carácter definitivo al cual solo le falta una posibilidad de 10^{17} para ser absoluto[5].

> ¿Por qué Dios se tomó todas estas molestias? Creo que deseaba que Jesucristo tuviera cada una de las credenciales que necesitaría cuando viniera al mundo. Sin embargo, lo más emocionante en cuanto a Jesús es que vino a cambiar vidas.

Otra objeción

Algunos afirman que Jesús intentó a propósito cumplir las profecías judías. Esta objeción parece posible hasta que nos damos cuenta que muchos detalles de la venida del Mesías estaban fuera por completo del control humano. Un ejemplo es el lugar de su nacimiento. Cuando Herodes les preguntó a los jefes de los sacerdotes y a los escribas dónde iba a nacer el Cristo, le respondieron: «En Belén [...] porque esto es lo que ha escrito el profeta» (Mateo 2:5). Sería tonto pensar que mientras María y José viajaban al pueblo previsto, Jesús, en el vientre de su madre, dijera: «Mamá, es mejor que se apresuren o no cumpliremos la profecía».

La mitad de las profecías iban más allá del control de Cristo para cumplirlas: la manera de su nacimiento, la traición de Judas y el precio de la traición; la forma de su muerte; la reacción del pueblo, al burlarse y escupirle, las miradas; la repartición de su ropa echando suertes y la vacilación de los soldados para dividir su túnica. Además, Cristo no podía ocasionar su nacimiento de la simiente de una mujer, del linaje de Sem, descendiente de Abraham y to-

¿QUÉ PIENSAS TÚ?

De las tres evidencias clave ofrecidas en este libro: la confiabilidad de la Biblia, la evidencia histórica para la Resurrección y el cumplimiento de la profecía, ¿cuál encuentras más convincente? ¿Por qué?

dos los otros acontecimientos que condujeron a su nacimiento. No sorprende que Jesús y los apóstoles apelaran al cumplimiento de la profecía a fin de respaldar su afirmación de que Él era el Hijo de Dios.

¿Por qué Dios se tomó todas estas molestias? Creo que deseaba que Jesucristo tuviera cada una de las credenciales que necesitaría cuando viniera al mundo. Sin embargo, lo más emocionante en cuanto a Jesús es que vino a cambiar vidas. Solo Él demostró la veracidad de los cientos de profecías del Antiguo Testamento que describían su venida. Y solo Él puede cumplir la mayor profecía de todas para los que le acepten, la promesa de la nueva vida: «Les daré un nuevo corazón, y les infundiré un espíritu nuevo» (Ezequiel 36:26). «Si alguno está en Cristo, es una nueva creación. ¡Lo viejo ha pasado, ha llegado ya lo nuevo!» (2 Corintios 5:17).

CAPÍTULO DOCE

¿No hay algún otro camino?

Durante una serie de conferencias en la Universidad de Texas, un estudiante de posgrado se me acercó y me preguntó: «¿Por qué Jesús es el único camino hacia una relación con Dios?». Le tuve que demostrar que Jesús afirmaba ser el único camino a Dios, que el testimonio de las Escrituras y los apóstoles era confiable y que había suficiente evidencia para garantizar la fe en Jesús como Salvador y Señor. Sin embargo, el estudiante tenía otras preguntas: «¿Por qué solo Jesús? ¿No existe algún otro camino hacia Dios?». Es extraño que la gente, como este joven, no se canse de buscar alternativas. «¿Qué me dice de Buda? ¿Mahoma? ¿No puede una persona simplemente vivir una buena vida? Si Dios es un Dios tan amoroso, ¿no aceptaría a todas las personas justo de la manera que son?»

Estas preguntas son las típicas que escuchamos con frecuencia. En el entorno actual de tolerancia, la gente parece ofenderse por las exclusivas afirmaciones de que Jesús es el único camino hacia Dios y el único recurso de perdón de los pecados y de la salvación. Esta actitud muestra que muchas personas no comprenden en sí la naturaleza de Dios. Vemos el meollo de su malentendido cuando hacen varias veces la siguiente pregunta: «¿Cómo un Dios amoroso permite que alguien se vaya al infierno?». Muchas veces le doy la vuelta a la pregunta y digo: «¿Cómo un Dios santo, justo y recto permite un pecador en su presencia?». La mayoría de la gente entiende que Dios sea un Dios amoroso, pero no van más allá. Dios no solo es amor, sino también es recto, justo y santo. No puede tolerar el pecado en su cielo más de lo que uno toleraría un perro sucio, maloliente y enfermo en el hogar. Esta mala interpretación acerca de la naturaleza básica de Dios y su carácter es el motivo de muchos problemas teológicos y éticos.

> **¿QUÉ PIENSAS TÚ?**
> ¿Cómo describirías a Dios? ¿Dónde se originaron tus ideas de Dios? ¿Hay algo acerca de Jesús que te sorprende y que consideras que no se ajusta a la descripción de Dios?

En esencia, conocemos a Dios a través de sus atributos. Sin embargo, sus atributos no son parte de Él de la misma manera que los atributos que has adoptado son parte de ti. Quizá te des cuenta de que es bueno ser cortés y adoptes este atributo como parte de tu manera de ser. Con Dios es al revés. Dentro de los atributos de Dios, en su propio ser, se incluyen cualidades como santidad, amor, justicia, rectitud y otros. Por ejemplo, la bondad no es una parte de Dios, sino más bien algo que es verdaderamente propio de la *naturaleza* misma de Dios. Los atributos de Dios tienen su origen en quién es Él. No los adoptó a fin de que formaran parte de su naturaleza; fluyen de su naturaleza. Así que cuando decimos que Dios es amor, no queremos dar a entender que una parte de Dios es amor, sino que el amor es un atributo que es auténtico de manera innata en Él. Cuando Dios ama, no está tomando una decisión; solo está siendo Él mismo.

> Conocemos a Dios a través de sus atributos: su santidad, amor, justicia y rectitud. Él no los adoptó a fin de que formaran parte de su naturaleza; fluyen de su naturaleza.

He aquí el problema con relación a nosotros: Si la naturaleza de Dios es el amor, ¿cómo es posible que envíe a alguien al infierno? La respuesta, en pocas palabras, es que Dios no envía a las personas al infierno; van debido a sus propias decisiones. A fin de explicarlo, debemos volver de nuevo a la creación. La Biblia indica que Dios creó al hombre y a la mujer con el propósito de que pudiera compartir su amor y su gloria con ellos. No obstante, Adán y Eva decidieron rebelarse y tomar su propio camino. Abandonaron el amor y la protección de Dios, contaminándose con esa terquedad, avaricia y naturaleza orgullosa que podemos llamar pecado. Debido a que Dios amaba de manera entrañable al hombre y a la mujer, incluso después que lo despreciaron, deseaba llegar hasta ellos y salvarlos del mortal camino que habían escogido. Sin embargo, Dios enfrentaba un dilema. Puesto que Dios no solo es amoroso, sino también santo, recto y justo, el pecado no puede sobrevivir en su presencia. Su misma santa, justa y recta naturaleza destruiría a la pareja pecadora. Por eso la Biblia dice: «La paga del pecado es muerte» (Romanos 6:23). Por lo tanto, ¿cómo podía Dios resolver este dilema y salvar al hombre y a la mujer?

La divinidad, Dios el Padre, Dios el Hijo y Dios el Espíritu Santo, tomó una sorprendente decisión. Jesús, Dios el Hijo, se haría carne humana. Se convertiría en Dios-hombre. Leemos de esto en el primer capítulo del Evangelio de Juan, donde dice que «el Verbo se hizo carne, y habitó entre nosotros» (Juan 1:14, LBLA). También Filipenses 2 nos dice que Jesucristo se despojó de sus prerrogativas divinas y tomó la forma humana (lee Filipenses 2:6-7).

Jesús era el Dios-hombre. Era tan hombre como si nunca hubiera sido Dios y tan Dios como si nunca hubiera sido hombre. Su humanidad no menguó su deidad, y su deidad no doblegó su humanidad. Por su propia decisión, vivió una vida sin pecado, obedeciendo por completo al Padre. A Él no lo culpó la declaración bíblica de que «la paga del pecado es muerte». Debido a que no solo era un hombre finito, sino también un Dios infinito, tenía la capacidad infinita de llevar sobre sí los pecados del mundo. Cuando ejecutaron a Jesús en la cruz, hace más de dos mil años, Dios aceptó su muerte como sustituta de la nuestra. Así se satisfizo la justa y recta naturaleza de Dios. Se hizo justicia; se pagó el castigo. Entonces en ese momento la naturaleza de amor de Dios estaba libre de las limitaciones de la justicia, y Él podía aceptarnos de nuevo y ofrecernos lo que perdimos en el Edén: una restauración de la relación original en la que podríamos experimentar su amor y gloria.

A menudo le pregunto a la gente: «¿Por quién murió Jesús?». Casi siempre responden: «Por mí» o «Por el mundo». Y les digo: «Sí, eso es cierto, ¿pero

> **¿QUÉ PIENSAS TÚ?**
>
> ¿Alguna vez alguien ha recibido un castigo en tu lugar? ¿Tu relación con esa persona cambió después de eso? ¿Estarías dispuesto a hacer lo mismo por esa persona, incluso si mereciera ese castigo?

por quién más murió Jesús?». Por lo general, admiten que no lo saben. Les respondo: «Por Dios el Padre». Ya ves, no solo Cristo murió por nosotros, sino también murió por el Padre. De esto habla la última sección de Romanos 3, donde algunas versiones de la Biblia le llaman a la muerte de Jesús una «propiciación» (lee Romanos 3:25, RV-60). En esencia, *propiciación* significa la satisfacción de un requisito. Cuando Jesús murió en la cruz, no solo murió por nosotros, sino que también murió para cumplir las santas y justas exigencias intrínsecas en la naturaleza básica de Dios.

> Jesús era tan hombre como si nunca hubiera sido Dios y tan Dios como si nunca hubiera sido hombre.

La contaminación se eliminó, de ese modo podríamos estar limpios en su presencia.

Hace varios años escuché una historia real que aclara lo que hizo Jesús en la cruz a fin de resolver el problema de Dios para lidiar con nuestro pecado. A una joven la detuvieron por exceso de velocidad. El policía la multó y la llevó ante el juez. Este leyó la citación y preguntó: «¿Culpable o no culpable?». La mujer respondió: «Culpable». El juez dejó caer el martillo y la sancionó con cien dólares o diez días en la cárcel. Entonces hizo algo asombroso. Se paró, se quitó la toga, bajó del estrado, sacó su billetera y pagó la multa de la joven. ¿Por qué? El juez era su padre. Amaba a su hija, pero era un juez justo. La muchacha infringió la ley y él podía decirle: «Debido a que te amo mucho, te perdono. Puedes irte sin pagar y sin recibir el castigo». Si hubiera hecho tal cosa, no hubiera sido un juez justo. No apoyaría la ley. Sin embargo, debido a su amor por su hija, estaba dispuesto a quitarse la toga judicial, renunciar a su posición, asumir su relación como su padre y pagar la multa.

Esta historia ilustra a pequeña escala lo que Dios hizo por nosotros por medio de Jesucristo. Nosotros pecamos, y la Biblia dice que «la paga del pecado es muerte». Cuando Dios nos mira, a pesar de su tremendo amor por nosotros, tiene que golpear con el martillo y decir *muerte*, pues es un Dios justo y recto. Y con todo, puesto que también es un Dios amoroso, estuvo dispuesto a bajar de su trono en la forma del hombre Jesucristo y pagar el precio por nosotros, el cual fue su muerte en la cruz.

En este momento, muchas personas hacen la pregunta obvia: «¿Por qué Dios no podía perdonar sin exigir pago alguno?». En

> **¿QUÉ PIENSAS TÚ?**
> ¿Te resulta difícil perdonar a alguien que te ha ofendido? ¿Qué precio pagan casi todas las personas cuando perdonan a otros?

> *El perdón siempre tiene un precio. Dios pagó el precio por nuestro perdón a través de la cruz, un pago que no puede ofrecernos Buda, Mahoma, Confucio, ni ningún otro líder religioso.*

cierta ocasión, un ejecutivo de una gran corporación me dijo: «A menudo, mis empleados dañan equipos, malgastan materiales y rompen cosas, y solo los perdono. ¿Me está diciendo que yo puedo hacer algo que Dios no puede hacer?». El ejecutivo no se daba cuenta de que su perdón le costaba algo. Su compañía pagaba por los errores de sus empleados al reparar y sustituir los artículos. Cada vez que hay perdón, existe el pago. Por ejemplo, digamos que mi hija rompe una lámpara en mi casa. Soy un padre amoroso y perdonador, así que la abrazo y le digo: «No llores, cariño. Papá te ama y te perdona». Casi siempre la persona que escucha esa historia dirá: «Eso es con exactitud lo que debe hacer Dios». Entonces viene la pregunta: «¿Quién pagó por la lámpara?». El hecho es que lo hice *yo*. El perdón siempre tiene un precio. Digamos que alguien te insulta delante de otros, y más tarde le dices con amabilidad: «Te perdono». ¿Quién soporta el precio de ese insulto? Tú. Soportas el dolor de la mentira y la pérdida de reputación ante los ojos de esos que presenciaron el insulto.

Esto es lo que Dios hizo por nosotros. Dijo: «Te perdono». Sin embargo, pagó su propio precio por el perdón a través de la cruz. Es un pago que no puede ofrecernos Buda, Mahoma, Confucio, ni ningún otro líder religioso o ético. Nadie puede pagar el precio con «solo vivir una buena vida». Sé que parece exclusivo decirlo, pero debemos hacerlo porque es cierto: No existe otro camino, sino Jesús.

CAPÍTULO TRECE

Él cambió mi vida

LO QUE TE HE DICHO EN ESTE LIBRO ES LO QUE APRENDÍ TRAS UNA INVESTIGACIÓN exhaustiva de las evidencias para el cristianismo, después que mis amigos en la universidad me desafiaran a probar la verdad de sus afirmaciones. Quizá pienses que una vez que observé pruebas como estas, salté a bordo de inmediato y me convertí en cristiano. Sin embargo, a pesar de la abundancia de evidencias, sentí una fuerte resistencia a dar el paso decisivo. Mi mente estaba convencida de la verdad. Tenía que admitir que Jesucristo debía ser justo el que decía ser. Veía con claridad que el cristianismo no era un mito, ni una fantasía de ilusorios soñadores, ni un engaño del que se aprovechaban los tontos, sino una sólida verdad. Sabía la verdad, pero mi voluntad me empujaba hacia otra dirección.

Mi resistencia se debía a dos razones: el placer y el orgullo. Pensaba que convertirse en cristiano significaba renunciar a la buena vida y entregar el control. Podía sentir a Jesucristo a la puerta de mi corazón, suplicando: «Mira, he estado parado a tu puerta tocando a cada instante. Si escuchas mi llamado y abres la puerta, voy a entrar» (parafraseado de Apocalipsis 3:20). Esa puerta la mantenía cerrada y atrancada. No me interesaba si Él caminó sobre el agua ni si transformó el agua en vino. No quería que ningún aguafiestas echara a perder mi diversión. No podía pensar en ninguna forma más rápida para arruinar mis buenos tiempos. Les llamaba buenos tiempos, pero me sentía desdichado en realidad. Era un campo de batalla andante. Mi mente me decía que el cristianismo era cierto, pero mi voluntad se resistía con toda la energía de la que podía hacer acopio.

> *Mi mente me decía que el cristianismo era cierto, pero mi voluntad se resistía con toda la energía de la que podía hacer acopio.*

Luego, estaba el problema del orgullo. En ese tiempo, el pensamiento de convertirme en cristiano destrozaba mi ego. Acababa de probar que todos mis pensamientos anteriores eran falsos y que mis amigos tenían razón. Cada vez que salía con esos entusiastas cristianos, bullía el conflicto interno. Si alguna vez has estado en compañía de personas felices cuando eres un desdichado, sabes cómo puede molestarte su alegría. A veces me levantaba literalmente, dejaba al grupo y me apresuraba a salir de la sede de la federación de estudiantes. Llegué hasta el punto en el que me acostaba a las diez de la noche, pero no me quedaba dormido hasta las cuatro de la mañana. No me podía liberar del problema. Tenía que hacer algo antes que me volviera loco.

Siempre trataba de tener la mente abierta, pero no tan abierta de manera que se hiciera pedazos mi materia gris. Como G.K. Chesterton dijo: «El propósito de abrir la mente, como el de abrir la boca, es cerrarla de nuevo sobre algo sólido». Abrí mi mente y, al fin, la cerré en la más sólida realidad que experimentara jamás. El 19 de diciembre de 1959, a las ocho y media de la noche, durante mi segundo año en la universidad, me convertí en cristiano.

Alguien me preguntó: «¿Cómo sabes que eres cristiano?». Mi respuesta fue simple: «Ha cambiado mi vida». Esta transformación es lo que me asegura la validez de mi conversión. Esa noche oré por cuatro cosas a fin de establecer una relación con el Cristo resucitado y viviente, y agradezco que se respondiera esta oración.

En primer lugar, dije: «Señor Jesús, gracias por morir en la cruz por mí». En segundo lugar, dije:

¿QUÉ PIENSAS TÚ?

Ahora que estás al final del libro, ¿ha cambiado alguno de tus pensamientos acerca de Jesús? ¿Te desafía a leer más de Él? ¿A hablar con otros que le han rendido sus vidas?

«Confieso esas cosas en mi vida que no te agradan y te pido que me perdones y me limpies». Dios nos dice que, «por profunda que sea la mancha de sus pecados, yo puedo quitarla y dejarlos tan limpios como nieve recién caída» (Isaías 1:18, LBD). En tercer lugar, dije: «Ahora mismo, de la mejor manera que sé, abro la puerta de mi corazón y vida y confío en ti como mi Salvador y Señor. Toma el control de mi vida. Cámbiame desde adentro hacia fuera. Hazme la clase de persona que querías que fuera cuando me creaste». La última cosa por la que oré, fue: «Gracias por venir a mi vida mediante la fe». Era una fe que no se basaba en la ignorancia, sino en la evidencia, los hechos de la historia y la Palabra de Dios.

Estoy seguro de que has escuchado a la gente hablar del «relámpago» que le golpea cuando tiene su primera experiencia religiosa. Pues bien, conmigo eso no fue tan dramático. Después que oré, no pasó nada. O sea, *nada*. Y todavía no me han brotado alas ni una aureola. Es más, después que tomé esa decisión, me sentí peor. En realidad, sentí que estaba a punto de vomitar. *Ay, no, ¿en qué me he metido ahora?*, me preguntaba. A decir verdad, sentía que había perdido la razón (¡y estoy seguro de que algunas personas lo pensaron!).

El cambio no fue inmediato, pero fue real. En un período de seis a dieciocho meses, supe que no había perdido la razón. Mi vida *fue* cambiando. Por ese tiempo, tuve un debate con el jefe del departamento de historia en una universidad del Medio Oeste. Le hablaba de mi nueva vida y me interrumpió con: «McDowell, ¿está tratando de decirme que Dios ha cambiado en realidad su vida? Deme algunos detalles específicos». Después de escucharme explicar por cuarenta y cinco minutos, me dijo al final: «Está bien, está bien, ¡eso es suficiente!».

Uno de los cambios sobre el cual le hablé fue el alivio de mi inquietud. Antes de aceptar a Cristo, siempre tenía que estar ocupado. Tenía que estar una y otra vez en la casa de mi novia, en una fiesta, en la federación de estudiantes o yendo de un lado a otro con los amigos. Cruzaba el campus con la mente en un torbellino de conflictos. Siempre andaba dando tumbos. Me sentaba y trataba de estudiar o pensar, pero no podía hacerlo. Sin embargo, después que tomé esa decisión por Cristo, una especie de paz mental se asentó sobre mí. No me malentiendas;

> *¿Cómo sé que me convertí en cristiano? Ha cambiado mi vida. Mi fe no se basaba en la ignorancia, sino en la evidencia, los hechos de la historia y la Palabra de Dios.*

no significa que cesaran todos los conflictos. Lo que descubrí en esta relación con Jesús no fue tanto la ausencia de conflictos como la habilidad de hacerles frente. No cambiaría eso por nada en el mundo.

Otra esfera en la que comencé a cambiar fue en mi mal carácter. Solía perder los estribos si alguien solo me miraba atravesado. Todavía tengo las cicatrices de una pelea en la que casi mato a un hombre en mi primer año en la universidad. Mi genio era una parte de mí que no procuraba cambiar de manera consciente. Sin embargo, un día me hallé en una crisis que me hubiera hecho estallar, solo para descubrir que la enfrenté calmado y dueño de mí mismo. ¡Se había ido mi mal genio! No fue por obra mía; como he estado diciendo: Jesús cambió mi vida. Eso no quiere decir que era perfecto. Pasé catorce años sin perder los estribos, pero cuando estallaba, me temo que lo compensaba por todas las veces que no lo hacía.

Lo que descubrí en esta relación con Jesús no fue tanto la ausencia de conflictos como la habilidad de hacerles frente.

Jesús me cambió de otra manera. No estoy orgulloso de esto, pero lo menciono porque muchas personas necesitan el mismo cambio, y quiero mostrarles la fuente de ese cambio: una relación con el resucitado Cristo viviente. El problema es el odio. Tenía una pesada carga de odio que me abrumaba. No lo mostraba por fuera, pero me destrozaba por dentro. Me molestaba con la gente, con las cosas, con los inconvenientes. Era inseguro. Cada vez que conocía a alguien diferente a mí, esa persona se convertía en una amenaza y reaccionaba con cierto nivel de aversión.

Odiaba a un hombre más que a ninguna otra persona en el mundo: mi padre. Detestaba sus agallas. Me mortificaba que fuera el alcohólico del pueblo. Si eres de una ciudad pequeña y uno de tus padres es alcohólico, ya sabes a lo que me refiero. Todo el mundo lo sabe. Mis amigos del instituto se burlaban del consumo de bebidas alcohólicas de mi padre. No pensaban que me molestaba porque estaba de acuerdo con las bromas y me reía con ellos. Me reía por fuera, pero te diré que lloraba por dentro. Iba al establo y allí encontraba a mi madre golpeada de manera tan brutal que no podía levantarse y yaciendo en el estiércol detrás de las vacas. Cuando llegaban los amigos, me llevaba a mi padre hasta el establo, lo ataba y aparcaba su auto detrás del silo. Les decíamos a nuestros huéspedes que se había tenido

> *Odiaba a un hombre más que a ninguna otra persona en el mundo: mi padre. Dios entró en mi vida de manera tan poderosa que me liberó de ese odio.*

que ir a alguna parte. No creo que nadie pueda odiar a una persona más de lo que yo odiaba a mi padre.

Al cabo de unos cinco meses de tomar esa decisión por Cristo, el amor de Dios entró en mi vida de manera tan poderosa que tomó ese odio, lo puso de cabeza y me liberó del mismo. Fui capaz de mirar a mi padre con sinceridad a los ojos y decirle: «Papá, te amo». Y yo lo decía en serio. Después de alguna de las cosas que hice por él, esto lo conmovió en verdad.

Más tarde, me transfirieron a una universidad privada y tuve un grave accidente automovilístico que me llevó al hospital. Cuando me trasladaron a la casa para recuperarme, mi padre vino a visitarme. Era notable, pero estaba sobrio ese día. Sin embargo, parecía inquieto y se paseaba por la habitación. Entonces, dijo de repente: «Hijo, ¿cómo puedes amar a un padre como yo?». Le respondí: «Papá, seis meses atrás te despreciaba». Luego, le conté la historia de mi investigación y las conclusiones acerca de Jesucristo. Le dije: «Puse mi confianza en Cristo, recibí el perdón de Dios, lo invité a mi vida y Él me cambió. No puedo explicarlo todo, papá, pero Dios se llevó mi odio y lo sustituyó con la capacidad de amar. Te amo y te acepto tal y como eres».

Conversamos por casi una hora y después recibí una de las mayores emociones de mi vida. Este hombre que era mi padre, este hombre que me conocía demasiado bien como para engañarlo, me miró y me dijo: «Hijo, si Dios puede hacer en mi vida lo que he visto en la tuya, deseo darle la oportunidad. Deseo confiar en Él como mi Salvador y Señor». No puedo imaginar un milagro mayor.

> **¿QUÉ PIENSAS TÚ?**
> ¿Por qué es difícil separar la fe del cristianismo de la persona de Jesucristo? ¿Puedes ver cómo a menudo se consideran en oposición?

Por lo general, después que una persona acepta a Cristo, los cambios en su vida tienen lugar a través de un período de días, semanas, meses o incluso años. En mi vida, el cambio tomó entre seis a dieciocho meses. Sin embargo, la vida de mi padre cambió justo ante mis ojos. Fue como si Dios se inclinara, le diera al interruptor y se encendiera la luz. Nunca antes ni desde entonces he visto un cambio tan impresionante. Mi padre tocó una bebida alcohólica solo una vez a partir de ese día. Lo más lejos que llegó fue hasta sus labios antes de que la apartara. Para siempre. Solo puedo llegar a una conclusión: Una relación con Jesucristo cambia la vida.

Había otra persona en mi vida que tenía que perdonar. Su nombre era Wayne, un hombre que trabajaba para mis padres mientras crecía en la granja. Cuando mi mamá tenía que hacer alguna diligencia o se marchaba por un período mayor, Wayne era el encargado de cuidarme. Mamá me llevaba ante Wayne y decía: «Ahora obedece a Wayne y haz todo lo que te pida que hagas. Si no lo haces, te daré una paliza cuando llegue a casa». Créeme, tú no desearías recibir una paliza de mi madre.

Sin embargo, habría aceptado de buen gusto las palizas si hubiera sabido lo que Wayne tenía reservado para mí. Desde que tenía seis años de edad hasta que cumplí los trece, abusó sexualmente de mí con regularidad. Cuando se lo dije a mi madre, se negó a creerme. A los trece años, amenacé a Wayne: «Si alguna vez me tocas de nuevo, te voy a matar». Wayne sabía que hablaba en serio y dejó de hacerlo.

Quería que Wayne se quemara en el infierno y estaba dispuesto a escoltarlo hasta allí. Los recuerdos del abuso me marcaron. No obstante, después que vine a Cristo, supe que debía perdonar a Wayne, tal y como había perdonado a mi padre. Me enfrenté a Wayne una vez más y le dije: «Wayne, lo que me hiciste fue terrible. Sin embargo, he confiado en Jesucristo como mi Salvador y Señor y me he convertido en cristiano. He venido para decirte que Jesús murió tanto por ti como por mí. Te perdono». Esta fue una de las cosas más difíciles que he tenido que hacer. Nunca lo podría haber hecho por mi propia cuenta. Si tienes una historia similar, te aseguro que tú tampoco tienes que enfrentar solo tus demonios. Tu pasado se *puede* vencer con la ayuda de Dios.

Tú puedes reírte del cristianismo, puedes burlarte de él y ridiculizarlo. Sin embargo, da resultados.

Cambia vidas. Debo decir que *Jesucristo* cambia vidas. El cristianismo no es una religión; no es un sistema; no es una idea ética; no es un fenómeno psicológico. Es una persona. Si confías en Cristo, comienza a observar tus actitudes y acciones porque Jesucristo está dedicado a cambiar vidas.

Por lo tanto, como puedes ver, el hallazgo de mi fe en Cristo ha sido un proceso, comenzando con la inflexible investigación y convirtiéndose en la experiencia de una vida cambiada. Parece que muchas personas en la actualidad ansían la experiencia, quieren la clase de vida renovada que he encontrado, pero no están dispuestas a poner al cristianismo a la estricta prueba racional y probatoria. Quizá parte de su resistencia se deba a una indecisión para afirmar ante la tolerancia y el multiculturalismo en los cuales se hace énfasis en la actualidad, que algo es absolutamente cierto. O tal vez proceda del temor a que su exploración les ocasione dudas en lugar de asegurarles la verdad de las afirmaciones de Cristo.

¿Es la investigación un obstáculo para nuestra fe en Cristo? No, de acuerdo con Edwin Yamauchi, uno de los principales expertos en historia antigua del mundo. Un hombre que no solo recibió una maestría y un doctorado en estudios mediterráneos en la Universidad Brandeis, sino que también le han concedido ocho becas, ha presentado más de setenta y un ensayos ante sociedades científicas y ha dado conferencias en más de cien universidades, institutos superiores y seminarios teológicos. Yamauchi fue enfático: «Para mí, la evidencia histórica ha reforzado mi compromiso con Jesucristo, el Hijo de Dios, quien nos ama y murió por nosotros y resucitó de los muertos. Es así de sencillo»[1].

> El cristianismo no es una religión; no es un sistema; no es una idea ética; no es un fenómeno psicológico. Es una persona: Jesucristo, quien está dedicado a cambiar vidas.

Cuando le pregunté si el estudio del Nuevo Testamento histórico había debilitado su fe, la autoridad en manuscritos antiguos, Bruce Metzger, respondió de inmediato: «La construyó. Hice preguntas toda mi vida. Indagué en el texto, lo estudié con esmero y hoy sé con seguridad que mi confianza en Jesús está bien plantada [...] muy bien plantada»[2].

Citas como estas de dos respetados eruditos confirman mi propósito al escribir este pequeño libro. He tratado de mostrarte que las aseveraciones de Cristo se mantienen firmes como sólidos hechos históricos, confirmados por la evidencia de la historia, la profecía y la razón. La comprensión de los hechos te dará un inconmovible y confiable cimiento sobre el cual podrás sostenerte firmemente mientras experimentas las declaraciones de Cristo a través de la vida transformada que hemos experimentado millones de otros cristianos y yo.

Sin embargo, a pesar de la solidez de los hechos y la autenticidad de la experiencia, el cristianismo no es algo que se le pueda obligar a tragar a alguien. Uno no puede imponerle a Cristo a nadie. A ti se te ha permitido vivir tu vida, y a mí se me ha permitido vivir la mía. Todos tenemos la libertad de tomar nuestras propias decisiones. Lo único que puedo hacer es decirte lo que he aprendido. Después de eso, lo que hagas es asunto tuyo.

Quizá te sea de ayuda la oración que hice: «Señor Jesús, te necesito. Gracias por morir en la cruz por mí. Perdóname y límpiame. En este momento confío en ti como Salvador y Señor. Hazme la clase de persona que querías que fuera cuando me creaste. En el nombre de Cristo, amén».

¿Ha oído usted las cuatro leyes espirituales?[1]

«Así como hay leyes naturales que rigen el universo, también hay leyes espirituales que rigen nuestra relación con Dios».

1 **PRIMERA LEY:** DIOS LE **AMA,** Y TIENE UN **PLAN** MARAVILLOSO PARA SU VIDA.

(Los textos de las Sagradas Escrituras contenidos en este apéndice, de ser posible, deben leerse directamente en la Biblia).

EL AMOR DE DIOS

«Porque de tal manera amó Dios al mundo, que ha dado a su Hijo unigénito, para que todo aquel que en él cree, no se pierda, mas tenga vida eterna».   JUAN 3:16

EL PLAN DE DIOS

[Cristo afirma]: *«Yo he venido para que tengan vida, y para que la tengan en abundancia»* . *(Una vida completa y con propósito).*   JUAN 10:10B

¿Por qué es que la mayoría de las personas no están experimentando esta vida en abundancia? **Porque...**

2 SEGUNDA LEY: EL HOMBRE ES PECADOR Y ESTÁ SEPARADO DE DIOS, POR LO TANTO, NO PUEDE CONOCER NI EXPERIMENTAR EL AMOR Y PLAN DE DIOS PARA SU VIDA.

EL HOMBRE ES PECADOR

«Por cuanto todos pecaron, y están destituidos de la gloria de Dios».   Romanos 3:23

El hombre fue creado para tener compañerismo con Dios, pero debido a su voluntad terca y egoísta, escogió su propio camino y su relación con Dios se interrumpió. Esta voluntad egoísta, caracterizada por una actitud de rebelión activa o indiferencia pasiva, es una evidencia de lo que la Biblia llama pecado.

EL HOMBRE ESTÁ SEPARADO DE DIOS

«Porque la paga del pecado es muerte» (o sea, *separación espiritual de Dios).*   Romanos 6:23

Dios Santo

Hombre pecador

Dios es santo y que el hombre es pecador. Un gran abismo lo separa. El hombre está tratando continuamente de alcanzar a Dios y la vida en abundancia, y cruzar este abismo de separación mediante sus propios esfuerzos: la religión, la moral, la filosofía, las buenas obras, etc.

La tercera ley nos da la única solución a este problema...

3 TERCERA LEY: JESUCRISTO ES LA ÚNICA PROVISIÓN DE DIOS PARA EL PECADOR. SOLO EN ÉL PUEDE USTED CONOCER Y EXPERIMENTAR EL AMOR Y EL PLAN DE DIOS PARA SU VIDA.

ÉL MURIÓ EN NUESTRO LUGAR

«Mas Dios muestra su amor para con nosotros, en que siendo aún pecadores, Cristo murió por nosotros»

(ROMANOS 5:8).

ÉL RESUCITÓ

*«Cristo murió por nuestros pecados [...] fue sepultado [...] resucitó al tercer día, conforme a las Escrituras [...] **apareció a Cefas,** y después a los doce. Después apareció **a más de quinientos»***   (1 CORINTIOS 15:3-6).

ES EL ÚNICO CAMINO

«Jesús le dijo: Yo soy el camino, y la verdad, y la vida; nadie viene al Padre, sino por mí»   (JUAN 14:6).

Dios ha cruzado el abismo que nos separa de Él al enviar a su Hijo, Jesucristo, a morir en la cruz en nuestro lugar.

No es suficiente conocer estas tres leyes y aun aceptarlas intelectualmente.

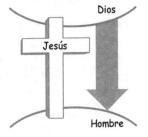

4 CUARTA LEY: DEBEMOS INDIVIDUALMENTE RECIBIR A JESUCRISTO COMO SEÑOR Y SALVADOR PARA PODER CONOCER Y EXPERIMENTAR EL AMOR Y EL PLAN DE DIOS PARA NUESTRAS VIDAS.

DEBEMOS RECIBIR A CRISTO

«Mas a todos los que le recibieron, a los que creen en su nombre, les dio potestad de ser hechos hijos de Dios».

JUAN 1:12

RECIBIMOS A CRISTO MEDIANTE LA FE

«Porque por gracia sois salvos por medio de la fe; y esto no de vosotros, pues es don de Dios; no por obras, para que nadie se gloríe».   EFESIOS 2:8-9

RECIBIMOS A CRISTO POR MEDIO DE UNA INVITACIÓN PERSONAL:

[Cristo dice:] «He aquí, yo estoy a la puerta y llamo; si alguno oye mi voz y abre la puerta, entraré a él»

(APOCALIPSIS 3:20).

El recibir a Cristo comprende un cambio de actitud hacia Dios, confiar en Cristo, para que Él entre a nuestras vidas y perdone nuestros pecados.

Estos dos círculos representan dos clases de vidas:

E: EGO o el YO finito en el trono.

†: Cristo fuera de la vida.

•: Intereses controlados por el YO, que resultan en discordia y frustración.

†: Cristo en la vida.

E: EGO o el YO destronado.

•: Intereses bajo el control del Dios infinito lo cual resulta en armonía y propósito.

¿Cuál círculo representa su vida?
¿Cuál círculo le gustaría que representara su vida?

A continuación se explica cómo puede recibir a Cristo.

USTED PUEDE RECIBIR A CRISTO AHORA MISMO MEDIANTE LA ORACIÓN (Orar es hablar con Dios) Dios conoce su corazón y no tiene tanto interés en sus palabras, sino más bien en la actitud de su corazón. La siguiente oración se sugiere como guía.

> *Señor Jesucristo: Gracias porque me amas y entiendo que te necesito. Te abro la puerta de mi vida y te recibo como mi Señor y Salvador. Ocupa el trono de mi vida. Hazme la persona que tú quieres que sea. Gracias por perdonar mis pecados. Gracias por haber entrado en mi vida y por escuchar mi oración según tu promesa.*

¿Expresa esta oración el deseo de su corazón?

Si lo expresa, haga esta oración ahora mismo, y Cristo entrará a su vida según Su promesa.

CÓMO ESTAR SEGURO DE QUE CRISTO MORA EN SU VIDA:

¿Invitó a Cristo a entrar en su vida? De acuerdo con Su promesa en Apocalipsis 3:20, ¿dónde está Cristo? Cristo dijo que entrará en su vida. ¿Le engañaría Él? ¿En qué se basa su seguridad de que Dios contestó su oración? (En la fidelidad de Dios mismo y Su Palabra).

LA BIBLIA PROMETE VIDA ETERNA A TODOS LOS QUE RECIBEN A CRISTO

> *«Y este es el testimonio: que Dios nos ha dado vida eterna; y esta vida está en su Hijo. El que tiene al Hijo, tiene la vida; el que no tiene al Hijo de Dios no tiene la vida. Estas cosas os he escrito a vosotros*

que creéis en el nombre del Hijo de Dios, para que
sepáis que tenéis vida eterna, y para que creáis en el
nombre del Hijo de Dios» (1 Juan 5:11-13).

Agradézcale siempre porque Cristo está en su vida y que
nunca le abandonará (Hebreos 13:5). Puede estar seguro
que el Cristo vivo mora en usted y que tiene vida eterna
desde el mismo momento en que lo invitó a entrar
confiando en Su promesa. Él no le engañará.

¿Y qué si no siente nada?

NO DEPENDA DE SUS SENTIMIENTOS

Nuestra seguridad está en la promesa de la Palabra de Dios
y no en nuestros sentimientos. El cristiano vive por fe
(confianza) en la fidelidad de Dios mismo y Su palabra.
El diagrama del tren ilustra la relación entre el hecho
(Dios y Su Palabra), la fe (nuestra confianza en Dios y en
Su Palabra) y los sentimientos (el resultado de la fe y la
obediencia) (Juan 14:21).

El tren corre con o sin el vagón. Sin embargo, sería inútil
tratar de que el vagón haga correr el tren. Del mismo modo,
nosotros, como cristianos, no dependemos de los sentimientos o emociones, sino que ponemos nuestra fe (confianza) en
la fidelidad de Dios y en las promesas de Su Palabra.

AHORA QUE HA RECIBIDO A CRISTO

En el momento en que usted, en un acto de fe, recibió a
Cristo, muchas cosas ocurrieron. He aquí algunas de ellas:

1. Cristo entró en su vida (Apocalipsis 3:20 y Colosenses 1:27).
2. Sus pecados le fueron perdonados (Colosenses 1:14).
3. Usted ha llegado a ser Hijo de Dios (Juan 1:12).
4. Comenzó a vivir la gran aventura para la cual Dios le creó (Juan 10:10b, 2 de Corintios 5:17 y 1 de Tesalonicenses 5:18).

¿Puede usted pensar en algo más extraordinario que le haya ocurrido que el recibir a Cristo? ¿Le gustaría dar gracias a Dios en oración ahora mismo por lo que Él ha hecho por usted? El acto mismo de dar gracias a Dios es una demostración de fe.

¿Y ahora qué?

SUGERENCIAS PARA EL CRECIMIENTO CRISTIANO

El recimiento espiritual es el resultado de permanecer confiando en Jesucristo. «El justo por la fe vivirá» (Gálatas 3:11). Una vida de fe le capacitará para confiar en Dios cada vez más en todo detalle de su vida y para practicar lo siguiente:

C Converse con Dios en oración diariamente (Juan 15:7).

R Recurra a la Biblia, estudiándola diariamente (Hechos 17:11). Principie con el Evangelio de San Juan.

I Insista en confiar a Dios cada aspecto de su vida (1 de Pedro 5:7).

S Sea lleno del Espíritu de Cristo: permítale vivir Su vida en usted (Gálatas 5:16-17; Hechos 1:8).

T Testifique a otros de Cristo verbalmente y con su vida (Mateo 4:19, Juan 15:8).

O Obedezca a Dios momento a momento (Juan 14:21).

LA IMPORTANCIA DE LA IGLESIA

En las Sagradas Escrituras (Hebreos 10:25) se nos amonesta «no dejando de reunirnos». Los cristianos, como brasas de fuego, arden cuando están juntos. Apártense los cristianos y como brasas separadas se apagarán solos. Si usted no se congrega con alguna iglesia, no espere a que lo inviten a hacerlo. Demuestre iniciativa: llame o visite a un ministro de Dios en una iglesia cercana donde se exalte a Cristo y se predique Su palabra. Comience esta semana, y haga planes para asistir regularmente.

Notas

Capítulo 2: ¿Qué hace a Jesús tan diferente?

1. Augustus H. Strong, *Systematic Theology*, Judson Press, Filadelfia, 1907, p. 1:52.

2. Archibald Thomas Robertson, *Word Pictures in the New Testament*, Harper & Brothers, Nueva York, 1932, p. 5:186.

3. Leon Morris, *Evangelio según Juan* (dos volúmenes), de la serie *The New International Commentary on the New Testament*, Editorial Clie, Terrassa, Barcelona, España, 2005, p. 524 (del original en inglés).

4. Charles F. Pfeiffer y Everett F. Harrison, editores, el *Wycliffe Bible Commentary*, Moody, Chicago, 1962, pp. 943-44.

5. Lewis Sperry Chafer, *Systematic Theology*, Dallas Theological Seminary Press, Dallas, 1947, p. 5:21.

6. Robert M. Bowman y J. Ed Komoszewski, *Putting Jesus in His Place: The Case for the Deity of Christ*, Kregel, Grand Rapids, MI, 2007, pp. 246-247.

7. Robert Anderson, *The Lord from Heaven*, James Nisbet, Londres, 1910, p. 5.

8. Henry Barclay Swete, *The Gospel According to St. Mark*, Macmillan, Londres, 1898, p. 339.

9. Irwin H. Linton, *The Sanhedrin Verdict*, Loizeaux Bros., Nueva York, 1943, p. 7.

10. Charles Edmund Deland, *The Mis-Trials of Jesus*, Richard G. Badger, Boston, 1914, pp. 118-19.

Capítulo 3: ¿Señor, mentiroso o lunático?

1. C.S. Lewis, *Cristianismo... ¡y nada más!*, Editorial Caribe, Miami, FL, 1977, pp. 61-62.

2. F.J.A. Hort, *Way, Truth, and the Life*, Macmillan, Nueva York, 1894, p. 207

3. Kenneth Scott Latourette, *Historia del Cristianismo* (dos tomos), Casa Bautista de Publicaciones, El Paso, TX, 1960, 1966, pp. 44, 48 (del original en inglés).

4. William E. Lecky, *History of European Morals from Augustus to Charlemagne*, D. Appleton, Nueva York, 1903, pp. 2:8-9.

5. Philip Schaff, *History of the Christian Church*, Eerdmans, Grand Rapids, MI, 1962, p. 109.

6. Philip Schaff, *The Person of Christ*, American Tract Society, Nueva York, 1913, pp. 94-95.

7. Clark H. Pinnock, *Set Forth Your Case*, Craig Press, Nueva Jersey, 1967, p. 62.

8. Gary R. Collins, citado en Lee Strobel, *El Caso de Cristo*, Editorial Vida, Miami, FL, 2000, p. 169.

9. James T. Fisher y Lowell S. Hawley, *A Few Buttons Missing*, Lippincott, Filadelfia, 1951, p. 273.

10. C.S. Lewis, *Los Milagros*, Rayo Books, un sello de HarperCollins Publishers Inc., Nueva York, NY, 2006, p. 113 (del original en inglés).

11. Schaff, *The Person of Christ*, p. 97.

12. Dan Brown, *El código Da Vinci*, Editorial Planeta, Madrid, España, 2010, p. 233 (del original en inglés).

13. James A. Kliest, *The Epistles of St. Clement of Rome and St. Ignatius of Antioch*, «To the Ephesians», Paulist Press, Ramsey, NJ, 1978.

14. Alexander Roberts, *First Apology*, *The Ante-Nicene Fathers*, volumen I, Eerdmans, Grand Rapids, MI, 1993, p. 184.

15. Joseph P. Smith, *St. Irenaeus: Proof of the Apostolic Preaching*, Paulist Press, Ramsey, NJ, 1978, capítulo 47.

16. Plinio, *Letters and Panegyricus*, traducción al inglés por Betty Radice, Loeb Classical Library, Harvard

University Press, Cambridge, MA, 1969, 10.96
(2.289).

17. J. Ed Komoszewski, M. James Sawyer, Daniel B.
Wallace, *Reinventing Jesus*, Kregel, Grand Rapids, MI,
2006, p. 215.

Capítulo 4: ¿Qué me dices de la ciencia?

1. *The New Encyclopaedia Britannica*: Micropaedia, 15th
ed., bajo la palabra «método científico».

2. James B. Conant, *Science and Common Sense*, Yale
University Press, New Haven, 1951, p. 25.

Capítulo 5: El desafío del nuevo ateísmo

1. John F. Haught, *God and the New Atheism*,
Westminster John Knox Press, Louisville, KY, 2008,
p. 22.

2. Sam Harris, *Carta a una nación cristiana*, Editorial
Paradigma, S.L., Madrid, España, 2007, p. ix (del
original en inglés).

3. Richard Dawkins, *El espejismo de Dios*, Espasa Calpe,
S.A., Madrid, España, 2007, p. 58 (del original en
inglés en su segunda edición con prólogo).

4. Christopher Hitchens, *Dios no es bueno: La religión
lo envenena todo*, Editorial Debate, Madrid, España,
2008, pp. 122, 5 (del original en inglés).

5. De una carta a W. Graham (3 de julio de 1881),
citada en Charles Darwin, *Autobiografía y cartas
escogidas*, 1892, reimpresión, Alianza Editorial, S.A.,
Madrid, España, 1997.

6. Paul Davies, «What Happened Before the Big Bang?»
en *God for the 21st Century*, editor, Russell Stannard,
Templeton Foundation Press, Filadelfia, PA, 2000,
p. 12.

7. John C. Lennox, *¿Ha enterrado la ciencia a Dios?*, Editorial Clie, Terrassa, Barcelona, España, 2003, pp. 22-25 (del original en inglés).

8. Alfred North Whitehead, *La ciencia y el mundo moderno*, Editorial Losada, S.A., Buenos Aires, Argentina, 1949, p. 17 (del original en inglés).

9. Citado en John C. Lennox, *¿Ha enterrado la ciencia a Dios?*, p. 20 (del original en inglés).

10. Hitchens, *Dios no es bueno*, pp. 63-67 (del original en inglés).

11. Harris, *Carta a una nación cristiana*, p. 72 (del original en inglés).

12. Hitchens, *Dios no es bueno*, p. 151 (del original en inglés).

13. William A. Dembski y Sean McDowell, *Understanding Intelligent Design*, Harvest House, Eugene, OR, 2008.

14. Anthony Flew y Roy Abraham Varghese, *There Is a God: How the World's Most Notorious Atheist Changed His Mind*, HarperCollins, Nueva York, 2007, p. 88.

15. George M. Whitesides, «Revolutions in Chemistry», *Chemical & Engineering News* 85 (13), 26 de marzo de 2007, pp. 12-17; disponible en línea en http://pubs.acs.org/cen/coverstory/85/8513cover1.html (accedido por última vez el 23 de abril de 2007).

16. Harris, *Carta a una nación cristiana*, p. 71 (del original en inglés).

17. Richard Dawkins, *El relojero ciego*, RBA Coleccionables, S.A., Barcelona, España, pp. 17-18 (del original en inglés).

18. Bill Gates, *Camino al futuro*, Mcgraw-Hill, Columbus, OH, 1996, p. 228 (del original en inglés).

19. Dawkins, *El espejismo de Dios*, p. 168 (del original en inglés).

20. Flew y Varghese, *There Is a God*, p. 132.

21. Freeman J. Dyson, *Trastornando el universo*, Fondo de Cultura Económica USA, San Diego, CA, 1990, p. 250 (del original en inglés).

22. Citado en Paul Davies, *El universo accidental*, Salvat Editores, Barcelona, España, 1986, p. 118 (del original en inglés).

23. Paul Davies, *Superfuerza*, Biblioteca Científica Salvat, Salvat Editores, Barcelona, España, 1986, p. 242 (del original en inglés).

24. Stephen Hawking, *Brevísima historia del tiempo*, Editorial Crítica, Grupo Planeta, Barcelona, España, 2006, p. 126 (del original en inglés).

25. Walter L. Bradley, «Thee "Just So" Universe», en *Signs of Intelligence*, editor William A. Dembski y James M. Kushiner, Brazos Press, Grand Rapids, MI, 2001, p. 169.

26. Roger Penrose, *La mente nueva del emperador*, Fondo de Cultura Económica USA, San Diego, CA, 1996, p. 344 (del original en inglés).

27. Paul Davies, *Cosmic Jackpot*, Houghton Mifflin, Nueva York, 2007, p. 149.

28. Dawkins, *El espejismo de Dios*, p. 258 (del original en inglés).

29. *Ibíd.*, p. 35.

30. Sam Harris, *El fin de la fe*, Editorial Paradigma, S.L., Madrid, España, 2008, p. 35 (del original en inglés).

31. Dinesh D'Souza, *What's So Great About Christianity*, Regnery, Washington DC, 2007, p. 207.

32. *Ibíd.*, p. 214.

33. David Berlinski, *The Devil's Delusion: Atheism and Its Scientific Pretensions*, Crown Forum, Nueva York, 2008, p. 26.

Capítulo 6: ¿Son confiables los documentos bíblicos?

1. Millar Burrows, *What Mean These Stones? The Significance of Archeology for Biblical Studies*, Meridian Books, Nueva York, 1956, p. 52.

2. William F. Albright, *Recent Discoveries in Bible Lands*, Funk and Wagnalls, Nueva York, 1955, p. 136.

3. William F. Albright, *Christianity Today* 7, 18 de enero de 1963, p. 3.

4. Sir William Ramsay, *The Bearing of Recent Discovery on the Trustworthiness of the New Testament*, Hodder and Stoughton, Londres, 1915, p. 222.

5. John A. T. Robinson, *Redating the New Testament*, SCM Press, Londres, 1976.

6. Simon Kistemaker, *The Gospels in Current Study*, Baker, Grand Rapids, 1972, pp. 48-49.

7. A. H. McNeile, *An Introduction to the Study of the New Testament*, Oxford University Press, Londres, 1953, p. 54.

8. Paul L. Maier, *First Easter: The True and Unfamiliar Story in Words and Pictures*, Harper & Row, Nueva York, 1973, p. 122.

9. William F. Albright, *From the Stone Age to Christianity*, segunda edición, John Hopkins Press, Baltimore, 1946, pp. 297-298.

10. Jeffery L. Sheler, *Is The Bible True*, HarperCollins Publishers, Nueva York, 1999, p. 41.

11. Dan Brown, *El código Da Vinci*, p. 231 (del original en inglés).

12. Philip Jenkins, *Hidden Gospels: How the Search for Jesus Lost Its Way*, Oxford University Press, Nueva York, 2001, p. 83.

13. Según se cita en *Hidden Gospels*, de Philip Jenkins, pp. 98-99.

14. Chauncey Sanders, *Introduction to Research in English Literary History*, Macmillan, Nueva York, 1952, pp. 143ss.

15. F. F. Bruce, *The New Testament Documents: Are They Reliable?*, InterVarsity, Downers Grove, IL, 1964, p. 16.

16. Bruce Metzger, citado en Lee Strobel, *El Caso de Cristo*, Editorial Vida, Miami, FL, 2000, pp. 69-70.

17. Correspondencia personal de Dan Wallace, 6 de enero de 2003.

18. Jacob Klausner, citado en Will Durant, *Caesar and Christ: The Story of Civilization, tercera parte*, Simon and Schuster, Nueva Cork, 1944, p. 557.

19. Sir Frederic Kenyon, *The Bible and Archaeology*, Harper & Row, Nueva York, 1940, pp. 288-89.

20. Stephen Neill, *The Interpretation of the New Testament*, Oxford University Press, Londres, 1964, p. 78.

21. Craig L. Blomberg, «The Historical Reliability of the New Testament», en William Lane Craig, *Reasonable Faith*, Crossway, Wheaton, IL, 1994, p. 226.

22. J. Harold Greenlee, *Introduction to New Testament Textual Criticism*, Eerdmans, Grand Rapids, 1954, p. 16.

23. Según se cita en J. Ed Komoszewski, M. James Sawyer, Daniel B. Wallace, *Reinventing Jesus*, p. 215.

24. *Ibíd.*, p. 109.

25. John Warwick Montgomery, *Where Is History Going?*, Zondervan, Grand Rapids: 1969, p. 46.

26. Louis R. Gottschalk, *Understanding History*, Knopf, Nueva York, 1969, p. 150.

27. John McRay, citado en Strobel, *El Caso de Cristo*, p. 97.

28. Lynn Gardner, *Christianity Stands True*, College Press, Joplin, MO, 1994, p. 40.

29. Norman L. Geisler, *Christian Apologetics*, Baker, Grand Rapids, 1988, p. 316.

30. F.F. Bruce, *The New Testament Documents*, p. 33.

31. Lawrence J. McGinley, *Form Criticism of the Synoptic Healing Narratives*, Woodstock College Press, Woodstock, MD, 1944, p. 25.

32. David Hackett Fischer, *Historian's Fallacies: Toward a Logic of Historical Thought*, citado en Norman L. Geisler, *Why I Am A Christian*, Baker, Grand Rapids, 2001, 152.

33. Robert Grant, *Historical Introduction to the New Testament*, Harper & Row, Nueva York, 1963, p. 302.

34. Will Durant, *Caesar and Christ*, p. 557.

35. Gottschalk, *Understanding History*, p. 161.

36. Eusebio, *Historia Eclesiástica*, libro 3, capítulo 39.

37. Ireneo, *Contra las Herejías*, p. 3.1.1.

38. Gary Habermas, *The Historical Jesus: Ancient Evidence for the Life of Christ*, College Press, Joplin, MO, 1997, p. 224.

39. Joseph Free, *Archaeology and Bible History*, Scripture Press, Wheaton, IL, 1964, p. 1.

40. F.F. Bruce, «Archaeological Confirmation of the New Testament», en *Revelation and the Bible*, editor, Carl Henry, Baker, Grand Rapids, 1969, p. 331.

41. A.N. Sherwin-White, *Roman Society and Roman Law in the New Testament*, Clarendon Press, Oxford, 1963, p. 189.

42. Clark H. Pinnock, *Set Forth Your Case*, Craig Press, Nutley, Nueva Jersey, 1968, p. 58.

43. Douglas R. Groothuis, *Jesus in an Age of Controversy*, Harvest House, Eugene, OR, 1996, p. 39.

Capítulo 7: ¿Quién moriría por una mentira?

1. Aunque el Nuevo Testamento no registra las muertes de estos hombres, las fuentes históricas y la antigua tradición confirman la naturaleza de sus muertes.

2. Richard Bauckham, *Jesus and the Eyewitnesses*, Eerdmans, Grand Rapids, MI, 2006.

3. Nota de la Traductora: En los tiempos bíblicos, *Jacobo* era un nombre muy popular y su equivalente es *Santiago*. Esto se debe a que el nombre de Santiago sea una contracción castellanizada de las palabras latinas *Sanctus Iacobus*, que significan *San Jacobo*.

4. Flavio Josefo, *Antigüedades de los Judíos*, xx, 9:1

5. J.P. Moreland, citado en Lee Strobel, *El Caso de Cristo*, Editorial Vida, Miami, FL, 2000, p. 288.

6. Edward Gibbon, citado en Philip Schaff, *History of the Christian Church*, Hendrickson Publishers, Peabody, MA, 1996, capítulo 3.

7. Michael Green, «Prefacio del Editor», en George Eldon Ladd, *I Believe in the Resurrection of Jesús*, Eerdmans, Grand Rapids, 1975, p. vii.

8. Blaise Pascal, citado en Robert W. Gleason, editor, *The Essential Pascal*, traducción G.F. Pullen, Mentor-Omega Books, Nueva York, 1966, p. 187.

9. J.P. Moreland, citado en Lee Strobel, *El Caso de Cristo*, Editorial Vida, Miami, FL, 2000, p. 286.

10. Michael Green, *Man Alive!*, InterVarsity, Downers Grove, IL, 1968, pp. 23-24.

11. Citado en J.N.D. Anderson, «The Resurrection of Christ», *Christianity Today*, 29 de marzo de 1968.

12. Kenneth Scott Latourette, *Historia del Cristianismo* (dos tomos), Casa Bautista de Publicaciones, El Paso, TX, 1960, 1966, p. 1:59 (del original en inglés).

13. N.T. Wright, *Jesus: The Search Continues*, la trascripción de este vídeo se puede leer al buscarla por «Jesus: The Search Continues» en el *Ankerberg Theological Research Institute*, sitio Web: www.johnankerberg.org.

14. Paul Little, *Know Why You Believe*, Scripture Press, Wheaton, IL, 1971, p. 63.

15. Herbert B. Workman, *The Martyrs of the Early Church*, Charles H. Kelly, Londres, 1913, pp. 18-19.

16. Harold Mattingly, *Roman Imperial Civilization*, Edward Arnold Publishers, Londres, 1967, p. 226.

17. Tertuliano, citado en Gaston Foote, *The Transformation of the Twelve*, Abingdon, Nashville, 1958, p. 12.

18. Simon Greenleaf, *An Examination of the Testimony of the Four Evangelists by the Rules of Evidence Administered in the Courts of Justice*, Baker, Grand Rapids, 1965, p. 29.

19. Lynn Gardner, *Christianity Stands True*, College Press, Joplin, MO, 1994, p. 30.

20. Correspondencia personal de Tom Anderson, 6 de enero de 2003.

21. J.P. Moreland, *Scaling the Secular City*, Baker, Grand Rapids, 1987, p. 137.

22. William Lane Craig, citado en Lee Strobel, *El Caso de Cristo*, Editorial Vida, Miami, FL, 2000, p. 255.

Capítulo 8: ¿Para qué sirve un Mesías muerto?

1. *Encyclopedia International*, Grolier, Nueva York, 1972, p. 4:407

2. Ernest Findlay Scott, *Kingdom and the Messiah*, T. & T. Clark, Edimburgo, 1911, p. 55.

3. Joseph Klausner, *The Messianic Idea in Israel*, Macmillan, Nueva York, 1955, p. 23.

4. Jacob Gartenhaus, «The Jewish Conception of the Messiah», *Christianity Today*, 13 de marzo de 1970, pp. 8-10.

5. *Jewish Encyclopaedia*, Funk and Wagnalls, Nueva York, 1906, p. 8:508.

6. Millar Burrows, *More Light on the Dead Sea Scrolls*, Secker & Warburg, Londres, 1958, p. 68.

7. A.B. Bruce, *The Training of the Twelve*, Kregel, Grand Rapids, 1971), p. 177.

8. Alfred Edersheim, *Sketches of Jewish Social Life in the Days of Christ*, Eerdmans, Grand Rapids, 1960, p. 29.

9. George Eldon Ladd, *I Believe in the Resurrection of Jesús*, Eerdmans, Grand Rapids, 1975, p. 38.

Capítulo 9: ¿Te enteraste de lo que le ocurrió a Saulo?

1. *Encyclopaedia Britannica*, bajo la palabra «Pablo, San».

2. Jacques Dupont, «The Conversion of Paul, and Its Influence on His Understanding of Salvation by Faith», *Apostolic History and the Gospel*, editores W. Ward Gasque y Ralph P. Martin, Eerdmans, Grand Rapids, 1970, p. 177.

3. *Encyclopaedia Britannica*, bajo la palabra «Pablo, San».

4. *Ibíd.*

5. Kenneth Scott Latourette, *Historia del Cristianismo* (dos tomos), Casa Bautista de Publicaciones, El Paso, TX, 1960, 1966, p. 76 (del original en inglés).

6. W.J. Sparrow-Simpson, *The Resurrection and the Christian Faith*, Zondervan Publishing House, Grand Rapids, 1968, pp. 185-86.

7. Dupont, «The Conversion of Paul, and Its Influence on His Understanding of Salvation by Faith», *Apostolic History and the Gospel*, p. 76.

8. Philip Schaff, *History of the Christian Church*, Eerdmans, Grand Rapids, MI, 1962, p. 1:296.

9. *Encyclopaedia Britannica*, bajo la palabra «Pablo, San».

10. Archibald McBride, citado en *Chambers's Encyclopedia*, Pergamon Press, Londres, 1966, p. 10: 516.

11. Clemente, citado en Philip Schaff, *History of the Apostolic Church*, Charles Scribner, Nueva York, 1857, p. 340.

12. George Lyttleton, *The Conversion of St. Paul*, American Tract Society, Nueva York, 1929, p. 467.

Capítulo 10: ¿Se puede doblegar a un hombre bueno?

1. Alexander Metherell, citado en Lee Strobel, *El Caso de Cristo*, Editorial Vida, Miami, FL, 2000, p. 226.

2. John Dominic Crossan, *Jesus: A Revolutionary Biography*, HarperOne, Nueva York, 1995, p. 145.

3. George Currie, *The Military Discipline of the Romans from the Founding of the City to the Close of the Republic*, un resumen de una tesis publicada bajo los auspicios de la *Graduate Council of Indiana University*, 1928, pp. 41-43.

4. A.T. Robertson, *Word Pictures in the New Testament*, R.R. Smith, Nueva York, 1931, p. 239.

5. Arthur Michael Ramsey, *God, Christ and the World*, SCM Press, Londres, 1969, pp. 78-80.

6. James Hastings, editor, *Dictionary of the Apostolic Church*, C. Scribner's Sons, Nueva York, 1916, p. 2:340.

7. Paul Althaus, citado en Wolfhart Pannenberg, *Jesus—God and Man*, traducción de Lewis L. Wilkins y Duane A. Priebe, Westminster Press, Filadelfia, 1968, p. 100.

8. Paul L. Maier, «The Empty Tomb as History», *Christianity Today*, 28 de marzo de 1975, p. 5.

9. Josh McDowell, *Evidencia que exige un veredicto*, Editorial Vida, Deerfield, FL, 1982, p. 244.

10. David Friederick Strauss, *The Life of Jesus for the People*, Williams and Norgate, Londres, 1879, p. 1:412.

11. J.N.D. Anderson, *Christianity: The Witness of History*, Tyndale Press, Londres, 1969, p. 92.

12. John Warwick Montgomery, *History and Christianity*, InterVarsity, Downers Grove, IL, 1972, p. 78.

13. Jeffrey Jay Lowder, «Historical Evidence and the Empty Tomb Story» en *The Empty Tomb: Jesus Beyond the Grave*, Jeffrey Jay Lowder y Robert Price, editor, Prometheus, Amherst, MA, 2005, p. 267.

14. Según se cita en Lee Strobel, *El caso del Jesús verdadero*, Editorial Vida, Miami, FL, 2008, p. 146 (del original en inglés).

15. Stephen T. Davis, «The Counterattack of the Resurrection Skeptics», en *Philosophia Christi*, volumen 8, n.º 1, 2006, p. 55.

16. Paul Rhodes Eddy y Gregory A. Boyd, *The Jesus Legend*, Baker Books, Grand Rapids, 2007, p. 142.

17. T.N.D. Mettinger, *The Riddle of Resurrection: «Dying and Rising Gods» in the Ancient Near East*, Almqvist and Wiksell, Estocolmo, 2001, p. 221.

18. Thomas Arnold, *Christian Life—Its Hopes, Its Fears, and Its Close*, T. Fellowes, Londres, 1859, p. 324.

19. Brooke Foss Westcott, citado en Paul E. Little, *Know Why You Believe*, Scripture Press, Wheaton, IL, 1967, p. 70.

20. William Lane Craig, *Jesus: The Search Continues*, la trascripción de este vídeo se puede leer al buscarla por «Jesus: The Search Continues» en el *Ankerberg Theological Research Institute*, sitio Web: www.johnankerberg.org.

21. Simon Greenleaf, *An Examination of the Testimony of the Four Evangelists by the Rules of Evidence Administered in the Courts of Justice*, Baker, Grand Rapids, 1965, p. 29.

22. Sir Lionel Luckhoo, citado en Lee Strobel, *El Caso de Cristo*, Editorial Vida, Miami, FL, 2000, p. 296.

23. Frank Morison, *¿Quién movió la piedra?*, Editorial Caribe, Miami, FL, 1977.

24. George Eldon Ladd, *I Believe in the Resurrection of Jesús*, Eerdmans, Grand Rapids, 1975, p. 141.

25. Gary Habermas y Anthony Flew, *Did Jesus Rise from the Dead? The Resurrection Debate*, Harper & Row, San Francisco, 1987, p. xiv.

26. Lord Darling, citado en Michael Green, *Man Alive!*, InterVarsity, Downers Grove, IL, 1968, p. 54.

Capítulo 11: ¿Se podría poner de pie el verdadero Mesías?

1. Para una más completa discusión de la profecía de Daniel 9, véase Josh McDowell, *Nueva evidencia que*

demanda un veredicto, Mundo Hispano/Casa Bautista de Publicaciones, El Paso, TX, 2005, pp. 197-201 (del original en inglés).

2. Mateo atribuye el pasaje que cita en 27:9-10 al profeta Jeremías, pero el pasaje en realidad aparece en Zacarías 11:11-13. La aparente discrepancia se resuelve cuando comprendemos la organización del canon hebreo. Las Escrituras Hebreas estaban divididas en tres secciones: ley, escritos y profetas. Jeremías ocupaba el primer lugar en su orden de libros proféticos y, por lo tanto, los eruditos hebreos a menudo encontraban una vía rápida aceptable para referirse a toda la colección de escritos proféticos por el nombre del primer libro: Jeremías.

3. H. Harold Hartzler, del prólogo a Peter W. Stoner, *Science Speaks*, Moody, Chicago, 1963.

4. Stoner, *Science Speaks*, p. 107.

5. *Ibíd.*

Capítulo 13: Él cambió mi vida

1. Edwin Yamauchi, citado en Lee Strobel, *El Caso de Cristo*, Editorial Vida, Miami, FL, 2000, p. 105.

2. Bruce Metzger, citado en Lee Strobel, *El Caso de Cristo*, Editorial Vida, Miami, FL, 2000, p. 82.

Apéndice

1. Tomado del folleto ¿Ha oído usted las cuatro leyes espirituales?, Cruzada Estudiantil y Profesional para Cristo, 1971. Usado con permiso.

Acerca de los Autores

Josh McDowell recibió una maestría en teología del Seminario Teológico Talbot en California. En 1964, se unió al personal de Cruzada Estudiantil y Profesional para Cristo y al final llegó a ser un representante internacional itinerante de esta organización, enfocándose sobre todo en los asuntos que enfrenta la juventud de hoy.

Josh les ha hablado a más de diez millones de jóvenes en ochenta y cuatro países, incluyendo más de setecientos campus universitarios. Es el autor o coautor de más de ciento diez libros y manuales que superan treinta y cinco millones de ejemplares impresos en todo el mundo. Las obras de mayor popularidad de Josh son *La nueva evidencia que demanda un veredicto*, *Las tres caras del amor* y *Es bueno o es malo* y la *Guía del líder* de la serie «Es bueno o es malo».

Josh y su esposa, Dottie, viven en Dana Point, California, y tienen cuatro hijos adultos.

Sean McDowell es un maestro de bachillerato, conferenciante y autor. Se graduó con altos honores del Seminario Teológico Talbot con una maestría doble en filosofía y teología. Es el autor de *Eti-K: Decisiones en un mundo donde todo cuenta* y coautor de *Evidencia de la resurrección: Lo que significa para su relación con Dios*. Además, es el editor general para *Apologetics for a New Generation* y *The Apologetics Study Bible for Students*.

A Sean lo nombraron Educador del Año en San Juan Capistrano de 2007-2008. Sus enseñanzas de apologética han recibido el estatus de ejemplares por la Asociación Internacional de Escuelas Cristianas. Le han invitado a programas de radio tales como *Focus on the Family*, *The Bible Answer Man*, *Point of View* y *The Frank Pastore Show*. Puedes leer el boletín electrónico de Sean y contactarlo para que sea el orador en alguna actividad en http://www.seanmcdowell.org.

En abril de 2000, Sean se casó con su amor de la secundaria, Stephanie. Tienen dos hijos, Scottie y Shauna, y viven en San Juan Capistrano, California.

Notas

NOTAS

NOTAS

Fecha: _____

Petición: _____

_____

_____

Fecha: _____

Respuesta: _____

Fecha: _____

Petición: _____

_____

_____

Fecha: _____

Respuesta: _____

Fecha: _____

Petición: _____

_____

_____

Fecha: _____

Respuesta: _____

Fecha: _____

Petición: _____

_____

_____

Fecha: _____

Respuesta: _____

Fecha: _____

Petición: _____

_____

_____

Fecha: _____

Respuesta: _____

Fecha: _____

Petición: _____

_____

_____

Fecha: _____

Respuesta: _____

Fecha: _____

Petición: _____

_____

_____

Fecha: _____

Respuesta: _____

Fecha: _____

Petición: _____

_____

_____

Fecha: _____

Respuesta: _____

Fecha: _____

Petición: _____

_____

_____

Fecha: _____

Respuesta: _____